Die Küche von AMALFI

Die Küche von AMALFI

SONNIGE REZEPTE VON ITALIENS SCHÖNSTER KÜSTE

Ursula Ferrigno

Fotos von

NASSIMA ROTHACKER

GERSTENBERG

Widmung
Für meine Schwester Nicola, die sich sehr für dieses Projekt engagiert und mich bei der Hintergrundrecherche, beim Verfassen der Rezepte sowie während des gesamten Arbeitsprozesses unterstützt hat.

Die Originalausgabe erschien 2023 unter dem Titel *Cucina di Amalfi* bei Ryland Peters & Small

20–21 Jockey's Fields, London
WC1R 4BW
und
341 E 11th St
New York, NY 10029

Aus dem Englischen von Linde Wiesner

3. Auflage 2026

Redaktion und Satz: twinbooks, München

Printed and bound in China
Gerstenberg Verlag GmbH & Co. KG,
Rathausstraße 18-20, D-31134 Hildesheim
verlag@gerstenberg-verlag.de,
www.gerstenberg-verlag.de

ISBN 978-3-8369-2197-8

HINWEISE

• Sämtliche Löffelangaben beziehen sich, soweit nicht anders angegeben, auf gestrichene Ess- bzw. Teelöffel.
• Bei Eiern handelt es sich, soweit nicht anders angegeben, um Eier der Größe M. Rohe oder nur teilweise durchgegarte Eier sind für ältere, kranke und gebrechliche Menschen, kleine Kinder, Schwangere sowie immungeschwächte Personen nicht geeignet.
• Wird im Rezept Frischhaltefolie verwendet, können Sie stattdessen auch wiederverwendbare Bienenwachstücher, Silikondeckel oder kompostierbares Backpapier verwenden.
• Sind abgeriebene Schalen von Zitrusfrüchten angegeben, sollten Sie stets unbehandelte Früchte verwenden und diese vor der Verwendung gründlich waschen.
• Der Backofen sollte immer auf die im Rezept angegebene Temperatur vorgeheizt werden. Die Ofentemperatur kann je nach Hersteller variieren. Wenn Sie einen Umluftofen verwenden, passen Sie die Temperatur gemäß den Herstellerangaben an.
• Um Einmachgläser zu sterilisieren, waschen Sie sie mit Spülmittel und heißem Wasser aus. Bedecken Sie sie danach in einem großen Topf mit heißem Wasser, bringen Sie es zugedeckt zum Kochen und kochen Sie die Gläser etwa 15 Minuten aus. Schalten Sie den Herd aus und lassen Sie die Gläser bis kurz vor dem Befüllen im heißen Wasser stehen. Nehmen Sie die Gläser vorsichtig aus dem Topf und stellen Sie sie zum Trocknen umgedreht auf ein sauberes Küchentuch. Sterilisieren Sie auch die Deckel, indem Sie sie etwa 5 Minuten (bzw. nach Herstellerangaben) auskochen. Die Gläser sollten noch heiß befüllt und verschlossen werden.

FSC www.fsc.org
MIX
Papier | Fördert gute Waldnutzung
FSC® C008047

INHALT

EINLEITUNG

Die Amalfiküste (*Costiera Amalfitana*) ist auch als *la divina costiera*, »die göttliche Küste«, bekannt. Für mich absolut zu Recht: Die gesamte Gegend mitsamt ihren hoch über dem saphirblauen Mittelmeer thronenden Terrassen, historischen Kirchen und Villen sowie pastellfarbenen Dörfern, die sich unter dem blauen Himmel an die Klippen schmiegen, ist einfach zauberhaft. In Minori – einer der 13 Gemeinden der Amalfiküste – kam ich zur Welt und verbrachte dort bis ins Alter von zwölf Jahren mein Leben. Auch nach unserem Umzug nach Großbritannien besuchten wir jeden Sommer meine Großeltern in Italien. Zwar geht es an der Amalfiküste heute belebter zu als damals, dennoch ist sie für mich auch heute noch ein wahres Paradies.

KAMPANIEN UND DIE AMALFIKÜSTE

Die Amalfiküste liegt in Kampanien, einer der südlichsten Regionen Italiens. Seit der römischen Antike ist die fruchtbare Landschaft auch als *Campania Felix* – »glückliches Land« – bekannt. Ich kann mir gut vorstellen, dass sich die meisten Bewohner auch heute noch glücklich schätzen, an solch einem herrlichen Ort, unweit von Neapel, der quirligen Hauptstadt Kampaniens, zu leben. Direkt an der Küste liegen (von West nach Ost) die Gemeinden Positano, Praiano, Furore, Conca dei Marini, Amalfi, Atrani, Ravello, Minori, Maiori, Cetara und Vietri sul Mare. Im bergigen Landesinneren befinden sich zudem die Gemeinden Tramonti und Scala. Auch Orte in der Nähe wie Salerno, Sorrent, Capri und Neapel haben die kulinarische Tradition der Amalfiküste beeinflusst.

Die Hauptverbindung zwischen den meisten der kleinen Gemeinden ist die 43 Kilometer lange Strada Statale 163 (SS163), eine schmale, achterbahnartige Küstenstraße, die sich oft einspurig und scharfkurvig an den Klippen entlangwindet. Die SS163 ist die wohl unbequemste Attraktion der Amalfiküste: Im Sommer stauen sich hier die Fahrzeuge mit Touristen, die von einem Dorf zum nächsten fahren und dabei immer wieder abbremsen, um die herrliche Aussicht zu bewundern.

1997 wurde die Amalifküste in die UNESCO-Welterbeliste aufgenommen (von insgesamt 10 Welterbestätten in Kampanien und 58 in ganz Italien). Diese Auszeichnung verdankt sie nicht nur ihrer landschaftlichen Schönheit und natürlichen Vielfalt, sondern auch dem bedeutenden kulturellen Erbe der Region. So war Amalfi (neben Venedig, Genua und Pisa) beispielsweise einst eine der vier großen Seerepubliken der Halbinsel. Die Stadt war ein wichtiges Drehkreuz für den bis nach Konstantinopel (das heutige Istanbul) reichenden Handel. Im 12. Jahrhundert setzte sie zudem mit den *Tavole Amalfitane* (»Tafeln von Amalfi«), dem ersten schriftlich fixierten Seerecht, einen Meilenstein der Seefahrt. Darüber hinaus gibt es an der Amalfiküste auch viele bedeutende Stätten der griechischen und römischen Antike wie etwa die Villa Romana in Minori. Und auch die berühmten römischen Stätten Pompeji und Herculaneum (beide 79 n. Chr. vom Vesuv zerstört) sowie das griechische Paestum, südlich von Salerno, sind nicht weit.

Selbst die mythische Insel der Sirenen, die in Homers Epos »Odyssee« die Seeleute mit ihrem betörenden Gesang ins Verderben locken, soll einer örtlichen Legende nach vor der Amalfiküste liegen. Zwar verorten die meisten Autoren diesen Ort in der Straße von Messina zwischen Kalabrien und Sizilien, doch in Positano ist immerhin ein Hotel nach den verführerischen Fabelwesen benannt.

Wie Sirenengesang wirkte die Amalfiküste im Laufe der Jahrhunderte nicht nur auf Seeleute. So zählte sie beispielsweise zu den Sehnsuchtszielen der im 18. und 19. Jahrhundert vor allem in Adelskreisen beliebten Bildungsreisen. Richard Wagners Gattin Cosima etwa beschrieb in den 1880er-Jahren den mühevollen Ritt auf Maultieren in die hoch über dem Meer gelegene Stadt Ravello. Hier besichtigte die Familie Wagner die Gärten der Villa Rufolo, die den Komponisten nach 20-jähriger Schaffensblockade zur Vollendung seiner Oper »Parsifal« inspirierten. 1953 rief die Stadt ihm zu Ehren ein Musikfestival ins Leben, das noch heute alljährlich im Sommer stattfindet.

Auch Schriftsteller wie D.H. Lawrence, Henrik Ibsen, John Steinbeck und Leo Tolstoi besuchten und beschrieben die Amalfiküste und berühmte Regisseure wie Roberto Rossellini, Franco Zeffirelli und Federico Fellini nutzten sie als malerische Kulisse für ihre Filme. Einige Szenen seines Filmdramas »Amore« drehte

Rossellini z. B. entlang des »Zitronenwegs« *Sentiero dei Limoni*. Auch heute noch erinnert der alte Verbindungsweg zwischen Maiori und Minori an die Vergangenheit und man kann sich gut vorstellen, wie die Bauern von einst ihre Ernte von den terrassierten Zitronenhainen auf den Hügeln hinab zu den Stränden der Dörfer brachten, von wo aus sie per Schiff nach Großbritannien und Amerika transportiert wurden. Szenen aus neueren Filmen wie »Der talentierte Mr. Ripley« und »Wonder Woman« wurden ebenfalls an der Amalfiküste gedreht.

Noch heute besuchen Urlauber aus aller Herren Länder die Amalfiküste, genießen die Ruhe (abseits von Verkehrslärm) und die einsamen Strände, sie tummeln sich in verwinkelten Gassen, mondänen Boutiquen sowie hervorragenden Restaurants.

ZITRONEN AUS MINORI

Meine Leidenschaft für Lebensmittel wurde mir quasi in die Wiege gelegt. Wer vor 100 Jahren an der Amalfiküste lebte, war entweder Fischer oder Bauer – und meine Familie lebte vom Obst- und Gemüseanbau. Mein *nonno* (Großvater), Gaetano Ferrigno, war das jüngste von sieben Kindern (außer ihm allesamt Mädchen). Früh erbte er den Familienbetrieb, wobei er Geschäftsreisen nach Großbritannien unternahm.

Als mein Vater – ebenfalls Gaetano – ins erwerbsfähige Alter kam, schickte mein Großvater ihn mit einem Startkapital von 500 Pfund in die Welt, um sein eigenes Geld zu verdienen. Seine erste Liebe galt den Zitronen, die er kistenweise in London verkaufte. Das Geschäft expandierte und mein Vater begann, italienische Kartoffeln, Brokkoli, Salat, Kichererbsen, Erdbeeren und – als erster Anbieter – Radicchio nach Großbritannien zu exportieren.

Auch heute noch baut meine Familie Zitronen an: dickhäutige für den Zitronenlikör Limoncello und dünnhäutige zum Entsaften.

Dank der unternehmerischen Tätigkeit meiner Familie und der Tatsache, dass ich stets von Menschen umgeben war, die sich leidenschaftlich für den Obst- und Gemüseanbau sowie gutes Essen interessieren, habe ich in diesen ersten zwölf Jahren meines Lebens einen großen Wissensschatz angehäuft. So lernte ich z. B. alles über den Anbau von Birnen, Pflaumen, Aprikosen, Orangen und Zitronen. Ich erfuhr, wie man Zitronen veredelt, um eine dünnere Schale oder mehr Saft zu erhalten, oder wie man Exemplare züchtet, die so süß sind, dass man sie wie Orangen essen kann. Ich sah meiner Großmutter zu, wie sie Nudeln und Suppen zubereitete, Fleischbällchen formte, Tomaten und Auberginen einmachte und aus ein paar einfachen, überwiegend regionalen Zutaten – wie San-Marzano-Tomaten, Büffelmozzarella, Sardellen, fangfrischem Fisch oder Olivenöl – wunderbare Gerichte zauberte. Etwa die selbst gemachte Pizza, die das sonntägliche Lieblingsessen von mir und meinen Schwestern war.

Das Geheimnis der Kochkunst meiner Großmutter lag, wie sie sagte, in ihrer Liebe zu uns – ein Grundsatz, den ich sehr schätze und in Ehren halte. Auch die Leidenschaft meines Großvaters für Zitronen habe ich geerbt. Allein ihr Duft weckt noch heute herrliche Erinnerungen voll Wärme und Glück – ein Sinnbild für Italien und die Amalfiküste.

Ursula Ferrigno

SALUMERIA

VORSPEISEN

ANTIPASTI

LECKERE ANTIPASTI

Anders, als es der Name vermuten lässt, handelt es sich bei Antipasti nicht um einen Gang, der einem Pastagericht vorausgeht. Stattdessen bedeutet das vom lateinischen *ante pastum* abgeleitete Wort *antipasto* auf Italienisch so viel wie »vor der Mahlzeit«. Antipasti sollen den Appetit anregen, aber nicht sättigen. Sie dürfen also nicht zu nahrhaft sein, damit man die weiteren Gänge gebührend genießen kann. Geeignet sind daher kleine und leichte Vorspeisen.

An der Amalfiküste bestehen Antipasti meist aus Meeresfrüchten wie z. B. Sardellen, Sardinen, Thunfisch, Tintenfisch, Venus- und Miesmuscheln oder Garnelen. Wenn Sie vor Ort einen Fischmarkt besuchen, wo die Fische so frisch sind, dass sie Ihnen geradezu entgegenspringen, erhalten Sie einen guten Eindruck davon, was Sie im nahe gelegenen Restaurant erwartet. Kleinere Fische werden – ebenso wie kleinere Gemüsestücke – bisweilen in einem leichten Backteig frittiert. Auch Crostini, Salami oder Prosciutto, gekochtes Gemüse, Getreide und Hülsenfrüchte sowie Käse und Salate zählen zu den typischen Vorspeisen. Zwar werden Antipasti oft auch auf Familienfeiern gereicht, heutzutage findet man sie jedoch eher auf der Restaurantspeisekarte. Bei mir kommen sie jedoch häufig auf den Tisch, denn ich liebe es, mit der Vielfalt an Zubereitungsmöglichkeiten, Aromen, Texturen und Farben zu experimentieren.

In diesem Kapitel stelle ich Ihnen drei Rezepte mit Mozzarella vor, der zu den Spezialitäten Kampaniens und der Amalfiküste zählt. Von hier stammt meiner Meinung nach der weltweit beste Mozzarella. Der hauptsächlich in der Umgebung von Salerno produzierte Mozzarella ist von so hoher Qualität, dass er seit 1993 in Italien mit der geschützten Herkunftsbezeichnung *Mozzarella di Bufala Campana* gekennzeichnet und seit 2008 auch EU-weit als geografische Ursprungsbezeichnung geschützt ist. Der Käse wird aus der Milch von Wasserbüffeln hergestellt, die in vielen Gegenden Süditaliens gehalten werden. Er hat eine feine Konsistenz sowie einen mild-aromatischen Geschmack. Sein Name leitet sich vom italienischen Verb *mozzare* (»abschneiden«) her und bezieht sich darauf, wie die Käser den dehnbaren Käsebruch von Hand in Stücke schneiden, um ihn anschließend zu Kugeln zu formen.

Büffelmozzarella wird in Päckchen oder Bechern mit Salzlake verkauft und sollte nach dem Abtropfen sofort verzehrt werden, sobald etwas von der Flüssigkeit im Inneren austritt. Am besten schmeckt er frisch verarbeitet. Wer den größtmöglichen Genuss sucht, sollte ihn daher bei einem Besuch der Amalfiküste probieren. Mozzarella verleiht einer Vielzahl von Gerichten eine leichte Frische, was vor allem im heißen Süden sehr angenehm ist. Da er jedoch eher zurückhaltend im Geschmack ist, sollte er mit anderen Aromagebern kombiniert werden. Am besten schmeckt er meiner Meinung nach als Caprese – einem Salat von der nahen Insel Capri – mit in Scheiben geschnittenen San-Marzano-Tomaten, gutem Olivenöl, frischem Basilikum, Salz und Pfeffer. Ein weiteres typisches Gericht der Amalfiküste ist Mozzarella *in carrozza* (»in der Kutsche«), eine Art frittiertes Mozzarella-Sandwich (siehe S. 26). Die elastische Konsistenz des geschmolzenen Käses macht ihn außerdem zum idealen Pizzabelag.

Ein weiteres kulinarisches Highlight der Amalfiküste sind Sardellen (*acciughe*), die hier auch *alici* genannt werden. Zentrum des Sardellenhandels ist schon seit Jahrhunderten das kleine Küstenstädtchen Cetara, das eine der am besten ausgestatteten Fischereiflotten der Amalfiküste vorweisen kann. Die Fische werden zwischen März und Juli gefangen und, frisch zubereitet, auf verschiedenste Arten serviert. Ende Juli können zahlende Gäste während der *Notte delle Lampare* die Fischer sogar begleiten, wenn sie nach alter Tradition in kleinen Booten hinausfahren und mithilfe einer großen Lampe am Bug die Fische anlocken. Ein Großteil der gefangenen Sardellen wird allerdings nicht für Antipasti verwendet, sondern für *colatura di alici*, eine würzige Fischsauce. Hierzu werden die Fische gesalzen und in Fässern mit Gewichten beschwert, wobei die bei der Pressung austretende Flüssigkeit aufgefangen wird und als Saucengrundlage dient. Die Abfüllung feiert man Anfang Dezember mit der *Festa della Colatura di Alici*. Für mich hat die *colatura* in der Fischküche eine ähnliche Bedeutung wie Vanilleextrakt beim Backen. Und obwohl sie außerhalb Italiens eine noch wenig bekannte Zutat ist, entdecken sie inzwischen viele für sich. Schließlich verleiht sie Pastasaucen, Salaten und Getreidegerichten das gewisse Etwas.

PAPRIKA-MOZZARELLA-SPIESSE

SPIEDINI DI AMALFI

Diese Vorspeise, die wunderbar zu festlichen Anlässen passt, lässt sich kinderleicht zubereiten. Achten Sie jedoch auf die Details und halten Sie sich genau ans Rezept.

2 große rote Paprikaschoten
6 Sardellen
3 ½ EL Butter
1 Sauerteigbaguette oder Landbrot (ggf. vom Vortag)
3 EL Olivenöl
3 Kugeln Mozzarella
2 Handvoll frische Basilikumblättchen
Salz
frisch gemahlener Pfeffer
etwas Petersilie, fein gehackt, zum Garnieren

Für 6 Personen

Backofen auf 220 °C (Umluft: 200 °C) vorheizen. Paprikaschoten putzen, waschen, trocken tupfen und auf ein mit Backpapier belegtes Backblech legen. Im vorgeheizten Backofen 35 bis 40 Minuten rösten, bis sie zusammengefallen und weich geworden sind. Herausnehmen, abkühlen lassen und in insgesamt 18 Stücke schneiden.

Sardellen grob zerkleinern und mithilfe einer Gabel zerdrücken. Mit der Butter in einem kleinen Topf mischen und Mischung unter gelegentlichem Rühren erhitzen, bis die Butter zerlassen ist.

Ofentemperatur auf 180 °C (Umluft: 160 °C) reduzieren. Baguette oder Brot in 18 gleich große Scheiben schneiden und mit etwas Olivenöl bestreichen. Mozzarella gut abtropfen lassen und in insgesamt 18 etwa 1 Zentimeter dicke Scheiben schneiden. Basilikum waschen und trocken tupfen.

Je 3 Stücke jeder Zutat auf 6 Metallspieße stecken: erst Brot, dann Paprika, Mozzarella, Basilikumblättchen, nochmals Brot usw. Zutaten dabei jeweils gut aneinanderdrücken.

Backblech mit restlichem Öl einfetten, Spieße darauflegen, gut salzen und pfeffern und mit Sardellenbutter bestreichen.

Spieße im heißen Backofen etwa 5 Minuten rösten. Dabei einmal wenden, damit sie gleichmäßig bräunen. Herausnehmen und mit Petersilie garniert servieren.

IN ZITRONENBLÄTTERN GEGARTER MOZZARELLA

MOZZARELLA IN FOGLIA DI LIMONE

So oft es mir möglich ist, verwende ich die Blätter der duftenden Zitronenbäume, die an der Amalfiküste wachsen. Vielleicht haben Sie ja ein entsprechendes Zitronenbäumchen im Kübel oder Sie kennen einen italienischen Obsthändler, den Sie nach einigen unbehandelten Blättern fragen können. Zitronenblätter eignen sich auch gut für die Zubereitung von frischem Fisch. Die ätherischen Öle befinden sich knapp unter der Oberfläche, sodass sie beim Kochen ihr volles Aroma abgeben.

einige frische Zitronenblätter und abgeriebene Schale von 1 unbehandelten Zitrone nach Belieben
1 Kugel Büffelmozzarella
Salz
frisch gemahlener Pfeffer
einige Scheiben Brot und etwas Olivenöl zum Servieren

Für 4 Personen

Backofen auf 220 °C (Umluft: 200 °C) vorheizen. Backblech mit Backpapier belegen. Zitronenblätter waschen, einige Minuten in kochendem Wasser blanchieren, damit sie weich und biegsam werden, und trocken tupfen.

Mozzarella gut abtropfen lassen und in mundgerechte Stücke schneiden. Mozzarellastücke je nach Größe auf ein oder mehrere Zitronenblätter legen, salzen und pfeffern, Blätter einrollen und mit Zahnstochern fixieren.

Röllchen auf das vorbereitete Backblech setzen und im vorgeheizten Backofen 10 bis 12 Minuten backen. Herausnehmen, Röllchen öffnen, Mozzarella nach Belieben mit etwas Zitronenabrieb bestreuen und mit einigen Brotscheiben sowie Olivenöl servieren.

VARIANTE: *Nach dem gleichen Rezept können Sie auch Feigenblätter mit Ziegenkäse füllen.*

PARMESANKÜCHLEIN

TORTINE DI PARMIGIANO

Als ich noch ein Kind war, baute mein Vater Kartoffeln an. Häufig brachte er einige Exemplare zum Probieren mit nach Hause, wo sie flugs für ihn zubereitet wurden. Ein Beispiel ist dieses Gericht, das es in vielen Varianten gibt. So kann man es z. B. mit frischem Spinat oder Käse gefüllt als eine Art Sandwich servieren oder zu gerösteten Paprikaschoten oder Fleisch als Vorspeise reichen.

2 große Kartoffeln
75 g frisch geriebener Parmesan
1 Ei
3 EL Mehl
Salz und frisch gemahlener Pfeffer
etwas Milch
4 EL Olivenöl
etwas Petersilie, grob gehackt, zum Garnieren

Für 4 Personen

Kartoffeln schälen und in eine Schüssel raspeln. Parmesan, Ei, Mehl sowie etwas Salz und Pfeffer zugeben. So viel Milch untermischen, bis ein dickflüssiger Kartoffelteig entstanden ist, und etwa 15 Minuten ruhen lassen.

Öl in einer großen Pfanne erhitzen, Kartoffelteig esslöffelweise hineingeben und etwa 7 Minuten goldbraun braten. Wenden und auf der anderen Seite braten. Hitze reduzieren und Küchlein noch 1 bis 2 Minuten backen.

Herausnehmen und auf Küchenpapier abtropfen lassen. Mit Petersilie garnieren und noch heiß servieren.

FRITTIERTE ZUCCHINIBLÜTEN

FRITTELLE DI FIORI DI ZUCCA

Wer Zucchini im eigenen Garten anpflanzt, kann im Sommer die prächtigen Blüten bewundern, die einem mit ihrem fröhlichen Leuchten ein Lächeln ins Gesicht zaubern. Ich persönlich genieße die frittierten Blüten gern ungefüllt. Sie lassen sich jedoch vor dem Frittieren auch mit klein geschnittenen Sardellen und Mozzarella füllen.

7 g frische Hefe oder 1 TL Trockenhefe
450 ml warmes Wasser
250 g italienisches Mehl (Type 00) oder Mehl (Type 405/550)
2 EL Olivenöl
Salz
frisch gemahlener Pfeffer
etwas Erdnussöl zum Frittieren
24 große Zucchiniblüten
einige unbehandelte Zitronenspalten zum Servieren

Für 4–6 Personen

Wird frische Hefe verwendet, diese zuvor zerbröckeln, in etwas warmem Wasser auflösen und etwa 10 Minuten ruhen lassen. Hefe, Wasser, Mehl, Olivenöl sowie etwas Salz und Pfeffer mischen und mithilfe eines Schneebesens verrühren, bis ein klümpchenfreier Teig entstanden ist. Zugedeckt etwa 40 Minuten ruhen lassen, bis der Teig Blasen wirft, und glatt rühren.

Erdnussöl 8 Zentimeter hoch in einen großen Topf geben und auf etwa 180 °C erhitzen. (Temperatur mithilfe eines Thermometers messen oder einen Brotwürfel hineingeben – wenn es zischt, ist das Öl heiß genug.)

Staubgefäße aus den Zucchiniblüten entfernen, Blüten nacheinander in den Teig tauchen und überschüssigen Teig abtropfen lassen. Etwa 4 Blüten auf einmal ins heiße Öl geben und in etwa 8 Minuten goldgelb frittieren. Dabei einmal wenden. Mithilfe eines Schaumlöffels herausnehmen und auf Küchenpapier abtropfen lassen. Restliche Blüten ebenso frittieren.

Mit etwas Salz bestreuen und mit Zitronenspalten zum Beträufeln servieren.

GEBACKENE TOMATEN À LA FERRIGNO

POMODORI DI FERRIGNO

Italien bietet hervorragende Bedingungen für den Tomatenanbau. Das sonnige Klima, fruchtbare Böden und die Nähe zum Meer tragen zu einer ertragreichen Ernte bei. Eine einfache, aber clevere Art, das wohlschmeckende Gemüse zu verarbeiten, ist dieses Gericht. Greifen Sie dafür zu Tomaten aus sonnigen Regionen und wählen Sie tiefrote, reife Früchte, die am Stielansatz intensiv duften.

6 große, feste Tomaten
2 Knoblauchzehen, fein zerdrückt
4 EL Petersilie, fein gehackt
4–5 EL Semmelbrösel (siehe Anmerkung)
2 EL Olivenöl und etwas Öl zum Beträufeln
etwas Oregano, fein gehackt
1 EL Kapern, fein gehackt
Salz
frisch gemahlener Pfeffer

Für 6 Personen

Backofen auf 180 °C (Umluft: 160 °C) vorheizen. Tomaten waschen, trocken tupfen und quer halbieren.

Knoblauch, Petersilie, Semmelbrösel, Öl, Oregano und Kapern verrühren und mit Salz und Pfeffer abschmecken.

Tomaten mit der Schnittfläche nach oben in eine mit Backpapier ausgelegte Auflaufform setzen, mit der Bröselmischung bedecken und im vorgeheizten Backofen 20 bis 25 Minuten backen. Herausnehmen und mit Öl beträufelt servieren.

ANMERKUNG: *Die Menge an Semmelbröseln hängt von der Größe der Tomaten ab – verwenden Sie je nach Bedarf mehr oder weniger als angegeben.*

MOZZARELLA-SANDWICHES

MOZZARELLA IN CARROZZA

Dieses Gericht ist zwar leicht zuzubereiten, es bedarf jedoch einiger gekonnter Handgriffe, um es perfekt hinzukriegen. Mein Großvater väterlicherseits etwa konnte stundenlang über die richtige Zubereitung diskutieren. Ebenso wichtig sind die passenden Zutaten, z. B. rustikales Landbrot mit einer groben Konsistenz. Das folgende Rezept können Sie nach Belieben um in Scheiben geschnittene Tomaten und frischen Basilikum ergänzen.

300 g Mozzarella
150 g Kochschinken
8 kleine Brotscheiben
Salz
frisch gemahlener Pfeffer
1¾ EL italienisches Mehl (Type 00) oder Mehl (Type 405/550)
90 ml Milch
1 großes Ei
45 g Semmelbrösel
4 TL Olivenöl

Für 4 Personen

Abgetropften Mozzarella und Schinken in Scheiben schneiden. Hälfte der Brotscheiben mit Mozzarella belegen, salzen und pfeffern. Schinken und restliche Brotscheiben darauflegen. Sandwiches mithilfe eines schweren Bretts beschweren und mindestens 30 Minuten ruhen lassen.

Mehl, Milch, verquirltes Ei und Semmelbrösel separat in tiefe Teller geben. Sandwiches nacheinander im Mehl, in der Milch, im Ei und in den Semmelbröseln wenden, sodass sie gleichmäßig mit der Panade bedeckt sind.

Öl in einer Pfanne erhitzen und Sandwiches darin nacheinander in etwa 9 Minuten goldbraun braten, dabei einmal wenden. Auf Küchenpapier abtropfen lassen und sofort servieren.

GERÖSTETE PAPRIKASCHOTEN

PEPERONI ARROSTI

Mit Balsamico und Öl vermischt, lassen sich die Paprikaschoten gut in Einmachgläsern lagern, weshalb meine Großmutter sie stets vorrätig hatte.

2 gelbe und 2 rote Paprikaschoten
3 EL Olivenöl
1 EL Balsamico
1 Knoblauchzehe, fein zerdrückt, nach Belieben
Salz
frisch gemahlener Pfeffer

ZUM SERVIEREN
einige Oreganoblättchen
einige Scheiben Brot

Für 6 Personen

Backofen auf 220 °C (Umluft: 200 °C) vorheizen.

Paprikaschoten putzen, auf ein mit Backpapier belegtes Backblech legen und etwa 25 Minuten im vorgeheizten Backofen backen, bis die Haut Blasen wirft und schwarze Stellen aufweist. Herausnehmen und abkühlen lassen.

Paprikaschoten über einer Schüssel häuten und austretenden Saft auffangen. Fruchtfleisch in dünne Streifen schneiden und in eine Servierschüssel geben. Öl, Balsamico, nach Belieben Knoblauch sowie etwas Salz und Pfeffer mit dem Paprikasaft zu einem Dressing verrühren.

Paprikastreifen mit dem Dressing mischen, mit Oregano garnieren und mit Brot servieren (siehe *fare la scarpetta*, S. 104).

BROT & PIZZA

PANE E PIZZA

MEHL IN ALL SEINER RAFFINESSE

Brot und Pizza zählen zu den wichtigsten Lebensmitteln Italiens. Beide werden aus Weizenmehl gebacken, das im ganzen Land – so auch in den weiten Küstenebenen Kampaniens – hergestellt wird. Je nach verwendeter Weizensorte unterscheidet man zwei Mehlarten: *grano duro* (aus Hartweizen) und *grano tenero* (aus Weichweizen). Brote werden in der Regel aus *Grano-duro*-Mehl hergestellt, da es einen höheren Gehalt an Gluten (Klebereiweiß) hat.

Weichweizenmehle werden in Typen klassifiziert, wobei der Zahlenwert entsprechend dem Mineralstoffgehalt steigt. Am gebräuchlichsten sind in Italien die Typen 0 und 00: Type 0 wird für Brot verwendet und Type 00 für Pizza, Pasta, Kuchen und Kleingebäck. Viele Brote bestehen jedoch aus einer Kombination beider Sorten. Neben Weizen werden in Italien auch andere Getreidesorten und Hülsenfrüchte angebaut und zu Mehl verarbeitet, darunter Buchweizen (*saraceno*), Reis (*riso*), Mais (*mais*), Hafer (*avena*), Kastanien (*castagna*) und Kichererbsen (*ceci*).

Brot spielt in Italien eine so wichtige Rolle wie in kaum einem anderen Land. So galt z. B. in meiner Familie der Tisch erst als fertig gedeckt, wenn Brot darauf einen prominenten Platz einnahm. Auch in einigen italienischen Sprichwörtern kommt es vor. Mein Lieblingsspruch ist *è buono come il pane* (»so gut wie Brot«) für einen besonders warmherzigen, hilfsbereiten Menschen, der ebenso verlässlich ist wie die Tatsache, dass immer etwas Brot auf dem Tisch steht. Früher, als es in Privathaushalten noch keine Backöfen gab, schnitt man die Brotlaibe (vor allem in Süditalien) oft kreuzförmig ein, bevor man sie zum Dorfbäcker brachte. Auch mein Großvater versah das fertig gebackene Brot stets mit einem Kreuzzeichen auf der Unterseite, bevor er es anschnitt, um sich für die Mahlzeit zu bedanken. Bei meinen Großeltern wurde frisches Weißbrot zu Suppen, Vorspeisen und Hauptgerichten gereicht, um die in Schalen und Tellern verbliebenen Suppen- und Soßenreste damit aufzutunken. In Italien spricht man dabei von *fare la scarpetta* (»einen kleinen Schuh machen«), weil die Wischbewegung einem auf dem Boden schleifenden Schuhe ähnelt. Altbackenes Brot verwendeten meine Großeltern gern für Salate und Suppen oder, fein

gerieben, als Paniermehl (*pangrattato*) oder für Nudelsaucen. Baguettescheiben wurden gebacken oder getoastet für Crostini genutzt, Landbrote für köstlich belegte Bruschettas.

Brot ist auch die Grundlage für eine unbestreitbar kampanische Erfindung: die Pizza. Ursprünglich als spärlich belegtes Fladenbrot (nach Art einer Focaccia) genossen, hat sie ähnliche Ursprünge wie die umbrische *Torta al testo*, das türkische Pide oder die griechische Pita. In vielen Restaurants an der Amalfiküste besteht sogar die Brotbeilage aus gebackenem Pizzateig, der mit Olivenöl beträufelt und mit Salz und eventuell etwas Rosmarin bestreut wird.

Ursprünglich ein Armeleuteessen, kombinierten die Neapolitaner das einfache Fladenbrot mit regional hergestelltem Mozzarella, Olivenöl und der im 16. Jahrhundert aus Amerika eingeführten Tomate – und die *Pizza alla napoletana* war geboren: mit Knoblauch, Oregano und (bisweilen) Sardellen wird sie zur Pizza Marinara, mit Basilikum zur Pizza Margherita. Letztere verdankt ihren Namen der Legende nach der gleichnamigen italienischen Königin, die Neapel 1889 während einer verheerenden Choleraepidemie besuchte.

Während meiner Kindheit in Minori genossen wir Pizza immer sonntags zum Mittagessen. Anders als andere Mittagsmahlzeiten, die im Haus bei geschlossenen Fensterläden eingenommen wurden, wurde die Pizza im Sommer stets draußen serviert. Den Teig dazu lieferte die örtliche Bäckerei. Meine Schwestern und ich konkurrierten darum, einen Blick des gut aussehenden Jungen zu erhaschen, der ihn lieferte. Und danach wetteiferten wir darum, wer die beste Pizza backen konnte. Ich denke, dass ich inzwischen ganz gut darin bin – vor allem, weil ich etwas Zitronensaft zum Teig gebe, was ihn schön knusprig macht.

Die typische Tomatensorte für eine kampanische Pizza ist die San-Marzano-Tomate. Ihr Anbau und ihre Konservierung sind heute einer der größten und erfolgreichsten Wirtschaftszweige der Region. Überall an der Amalfiküste gibt es terrassierte Anbauflächen und sämtliche Balkone und Terrassen schmücken grüne Tomatenpflanzen und leuchtend rote Früchte. Die Tomaten verwendet man entweder frisch für Soßen und Salate oder man macht sie haltbar, indem man sie in der Sonne trocknet bzw. in Dosen oder Gläsern konserviert. Für die Küche der Amalfiküste sind sie unverzichtbar.

FRITTIERTE PIZZEN MIT MOZZARELLA UND PAPRIKA

PIZZA FRITTA DI MOZZARELLA E PEPERONI

Besonders in Zeiten der Cholera-Epidemien, die Kampanien heimsuchten, waren Gerichte mit frittiertem Teig beliebt, da die Zutaten beim Ausbacken sterilisiert werden. In dieser hefelosen Pizzavariante stehen Sardellen und Mozzarella im Mittelpunkt – zwei wichtige Produkte der Region.

TEIG

200 g italienisches Mehl (Type 00) oder Mehl (Type 405/550) und etwas Mehl für die Arbeitsfläche
1 TL Salz und etwas Salz zum Bestreuen
1 TL Natron
125 ml Milch
reichlich Olivenöl zum Frittieren

BELAG

3 große rote Paprikaschoten
1 große Handvoll Rucola
etwas Olivenöl
4 Kugeln Büffelmozzarella (à 100 g)
12 Sardellenfilets
1 EL eingelegte Kapern
Salz
frisch gemahlener Pfeffer

SARDELLENDRESSING

100 ml Olivenöl
1 Schalotte, fein gehackt
8 Sardellenfilets, fein gehackt
100 ml trockener Weißwein
1 kleine Knoblauchzehe
1 Handvoll Basilikum, fein gehackt

Für 6 Personen

(2 Pizzen pro Person)

Pizzazutaten (bis auf das Olivenöl) in einer großen Schüssel mischen und etwa 8 Minuten verkneten. Teig in einer sauberen Schüssel zugedeckt etwa 1 Stunde gehen lassen. Backofen auf 220 °C (Umluft: 200 °C) vorheizen.

Für den Belag Paprikaschoten putzen und im vorgeheizten Backofen etwa 30 Minuten rösten, bis sie weich und stellenweise schwarz sind. Herausnehmen, abkühlen lassen, häuten und jeweils in sechs lange Streifen schneiden.

Dressingzutaten einem kleinen Topf verrühren und bei geringer Hitze erwärmen. In einer Küchenmaschine oder einem Standmixer glatt pürieren.

Golfballgroße Teigportionen abnehmen und auf einer bemehlten Arbeitsfläche zu 16 dünnen Kreisen (ca. 18 cm Durchmesser) ausrollen.

Öl in einer Pfanne auf mittlere Hitze erwärmen und Teigkreise darin nacheinander etwa 4 Minuten ausbacken, bis sie Blasen werfen und knusprig-braun sind. Dabei Pfanne öfters rütteln. Pizzen auf Küchenpapier abtropfen lassen, mit Salz bestreuen und bis zum Servieren warm stellen. (Es werden nur 12 benötigt, die restlichen können als Snack serviert werden.)

Für den Belag Rucola waschen, trocken tupfen und in etwas Olivenöl schwenken. Pizzen auf Tellern anrichten, mit abgetropftem, in Stücke geschnittenem Mozzarella, Sardellen, Paprika, Rucola und kalt abgespülten Kapern belegen, salzen und pfeffern. Pizzen mit Dressing und nach Belieben etwas Olivenöl beträufeln und servieren.

FLADENBROT MIT PROSCIUTTO UND PFEFFER

TORTA DI PROSCIUTTO

Das Rezept für dieses Fladenbrot - eine Art buttrige Prosciutto-Pizza - entstand im 12. Jahrhundert in der Amalfi-Region. Es lässt sich warm oder kalt servieren und eignet sich perfekt für Familienfeste unter freiem Himmel.

TEIG

350 g Mehl (Type 550) und etwas Mehl für die Arbeitsfläche
2 TL Salz
15 g frische Hefe oder 2 TL Trockenhefe
250 ml lauwarmes Wasser
2 EL zerlassene Butter und etwas Butter zum Arbeiten
3 TL frisch gemahlener Pfeffer

FÜLLUNG

4 große Eier, hart gekocht und gepellt
200 g Parmaschinken
3 EL zerlassene Butter
1 Handvoll Petersilie, fein gehackt
Salz
frisch gemahlener Pfeffer

Für 1 Fladenbrot

Mehl und Salz in einer Schüssel vermischen und in die Mitte eine Mulde drücken. Hefe in 2 Esslöffeln Wasser auflösen und mit der Hälfte der Butter, 2 Teelöffeln Pfeffer und restlichem Wasser in die Mulde geben. Alles mit einem Löffel verrühren, bis sich eine feste Teigkugel bildet, die weder zu feucht noch zu trocken ist.

Teig auf einer leicht bemehlten Arbeitsfläche 10 bis 15 Minuten kneten, bis er glatt und elastisch ist. Eine saubere Schüssel leicht einfetten, Teig hineingeben, Schüssel mit einem feuchten Küchentuch bedecken und Teig etwa 1 Stunde gehen lassen.

Für die Füllung klein geschnittene Eier, klein geschnittenen Parmaschinken, Butter und Petersilie in einer Schüssel verrühren, mit Salz und Pfeffer abschmecken und beiseitestellen.

Backofen auf 220 °C (Umluft: 200 °C) vorheizen. Eine hohe Backform (15 cm Durchmesser) einfetten oder Backblech mit Backpapier belegen.

Teig in der Schüssel wenden, 2 bis 3 Minuten kneten und zu einem großen Kreis formen. Mit etwas Butter bestreichen, in der Mitte falten und erneut zu einem Kreis formen. Mit übrigem Pfeffer bestreuen, etwa 5 Minuten kneten und zu einem Kreis (ca. 30 cm Durchmesser) formen.

Teig in die vorbereitete Backform (falls verwendet) setzen, am Rand andrücken und oben überstehen lassen. Zugedeckt etwa 10 Minuten gehen lassen.

Füllung rundum am Rand des Teigs verteilen, überstehenden Teig über der Füllung einschlagen und einrollen. Dabei Teigboden in der Mitte frei lassen.

Teigoberfläche mit etwas Butter bestreichen und im vorgeheizten Backofen in etwa 25 Minuten goldbraun backen. Herausnehmen und mit restlicher Butter bestreichen. Noch warm oder abgekühlt servieren.

GROSSMUTTERS SPINATBROT

PANE DI SPINACI DELLA NONNA

Italiener essen viel Brot und Blattgemüse - dieses Rezept vereint beides. Es zählt zu den All-in-one-Gerichten, die in Italien typischerweise zur Erntezeit zubereitet werden, eignet sich aber auch hervorragend für Picknicks. In der Region rund um Neapel verwendet man für die Füllung zwar traditionell Spinat, nach Belieben können Sie sie jedoch auch durch andere Gemüsesorten oder Käse variieren.

15 g frische Hefe
350 ml lauwarmes Wasser
350 g Mehl (Type 550) und etwas Mehl für die Arbeitsfläche
150 g feiner Grieß
2 TL Salz
2 EL Olivenöl und etwas Öl zum Arbeiten
350 g frischer Spinat
1 Knoblauchzehe, fein gehackt
2 EL entkernte schwarze Oliven, fein gehackt
frisch gemahlener Pfeffer
1 großes Eiweiß, mit 2 TL Wasser verquirlt, zum Bestreichen
1 Handvoll Sesam

Für 1 Laib

Zerbröckelte Hefe in ca. 90 Milliliter Wasser auflösen und zugedeckt etwa 10 Minuten ruhen lassen, bis sich Blasen bilden.

Restliches Wasser gut unterrühren. Mehl, Grieß und Salz nach und nach zugeben und mit den Händen unterkneten, bis sich der Teig zu einer Kugel formen lässt. Noch etwa 10 Minuten kräftig kneten und Teig in eine gefettete Schüssel geben. Zugedeckt etwa 1½ Stunden gehen lassen, bis der Teig sein Volumen verdoppelt hat.

Spinat waschen, trocken tupfen und harte Stiele entfernen. Blätter in einer beschichteten Pfanne ohne Wasserzugabe zugedeckt bei mittlerer Hitze kurz zusammenfallen lassen. In einem Sieb abkühlen lassen, Flüssigkeit herausdrücken und Spinat sehr fein hacken.

Öl in einer Pfanne erhitzen und Knoblauch darin weich braten. Spinat zugeben und unter Rühren 2 bis 3 Minuten braten. Oliven und etwas Pfeffer zufügen. Vom Herd nehmen und vollständig abkühlen lassen. Backofen auf 200 °C (Umluft: 180 °C) vorheizen.

Teig in der Schüssel flach drücken, auf einer bemehlten Arbeitsfläche kreisförmig ausrollen (ca. 40 cm Durchmesser) und auf ein gefettetes Backblech legen. Spinatfüllung daraufgeben und glatt streichen, dabei einen 2,5 Zentimeter breiten Rand frei lassen. Teig fest aufrollen und Enden einschlagen. Oberfläche mehrmals ca. 1 Zentimeter tief einschneiden, mit der Eiweißmischung bestreichen und mit Sesam bestreuen. Zugedeckt etwa 30 Minuten gehen lassen.

Brot im vorgeheizten Backofen in etwa 35 Minuten goldgelb backen. Herausnehmen, auf einem Kuchengitter abkühlen lassen, diagonal in Scheiben schneiden und servieren.

AMALFI-PIZZA

PIZZA DI AMALFITANA

Mit diesem Rezept erhalten Sie die perfekte Pizzakruste. Der Zitronensaft im Teig macht sie aromatisch und schön knusprig. Die fertige Pizza können Sie nach Belieben zusätzlich mit Zucchiniblüten garnieren.

TEIG

50 g italienisches Mehl (Type 00) oder Mehl (Type 405/550) und etwas Mehl für die Arbeitsfläche
250 g feiner Grieß und etwas Grieß für das Backblech
2 TL Salz
7 g Trockenhefe
1 EL frisch gepresster Zitronensaft
1 EL Olivenöl
200 ml lauwarmes Wasser

BELAG

1 große Knoblauchzehe, in dünne Scheiben geschnitten
55 g frisch geriebener Parmesan
125 g Ricotta
abgeriebene Schale von ½ unbehandelten Zitrone
2 EL Olivenöl und etwas Öl zum Beträufeln
Salz
frisch gemahlener Pfeffer
½–1 mittelgroße Zucchini, längs halbiert und in dünne Scheiben geschnitten
1 große Handvoll Basilikum und einige Basilikumblättchen zum Garnieren
110 g geriebener Mozzarella (idealerweise Büffelmozzarella)

Für 2 Pizzen

Mehl, Grieß, Salz und Hefe in einer Schüssel mischen. In der Mitte eine Mulde formen und Zitronensaft sowie Olivenöl hineingeben. Wasser mithilfe eines Löffels nach und nach unterrühren, bis ein feuchter, krümeliger Teig entstanden ist.

Teig zusammendrücken und auf einer bemehlten Arbeitsfläche etwa 10 Minuten kneten, bis er glatt und weich ist. In eine saubere Schüssel geben, mit einem feuchten Küchentuch bedecken und an einem warmen Ort mindestens 2 Stunden gehen lassen, bis der Teig sein Volumen verdoppelt hat.

Teig vorsichtig zusammendrücken, damit die Luftbläschen entweichen, und auf der Arbeitsfläche noch 4 bis 5 Minuten kneten. Mit einem sauberen Tuch bedecken und etwa 5 Minuten ruhen lassen. Backofen auf 240 °C (Umluft: 220 °C) vorheizen und Backblech während des Vorheizens im Ofen erwärmen.

Für den Belag Knoblauch, Parmesan, Ricotta, Zitronenabrieb und Olivenöl in einer Schüssel verrühren und mit Salz und Pfeffer abschmecken.

Teig in zwei gleich große Portionen teilen und jeweils kreisförmig (ca. 35 cm Durchmesser) oder rechteckig (32 x 13 cm) ausrollen.

Heißes Backblech (mit Ofenhandschuhen) herausnehmen, mit Grieß bestreuen und einen Pizzaboden darauflegen. Mit der Hälfte der Ricottamischung bestreichen und jeweils mit der Hälfte der Zucchinischeiben, der Basilikumblättchen und des Mozzarellas belegen.

Pizza im vorgeheizten Backofen in etwa 12 bis 15 Minuten goldbraun backen, mit etwas Olivenöl beträufeln und mit Basilikumblättchen garnieren. Zweite Pizza ebenso zubereiten und Pizzen servieren.

HERZHAFTE RICOTTAPASTETE

PIZZA RUSTICA

Diese pikante Pastete kann in kleine Stücke geschnitten als Vorspeise oder in größeren Portionen mit Gemüsebeilage (siehe S. 114 ff.) als Hauptmahlzeit serviert werden. Ricotta ist leicht, bekömmlich und harmoniert hervorragend mit den restlichen Zutaten dieses leckeren Gerichts.

TEIG

240 g italienisches Mehl (Type 00) oder Mehl (Type 405/550) und etwas Mehl für die Arbeitsfläche
½ TL Salz
185 g kalte Butter und etwas Butter für die Form
90 ml kaltes Wasser
1 Eigelb, mit 1 TL Wasser verquirlt, zum Bestreichen

FÜLLUNG

560 g Ricotta
180 g Mozzarella, fein gewürfelt
45 g Prosciutto, klein geschnitten
55 g frisch geriebener Pecorino
1 Handvoll Petersilie, fein gehackt
2 Knoblauchzehen, fein zerdrückt
Salz
frisch gemahlener Pfeffer
3 mittelgroße Eier, leicht verquirlt

Für 6–8 Personen

Für den Teig Mehl, Salz und Butter in einer Küchenmaschine oder mithilfe eines Handrührgeräts verrühren. Wasser nach und nach unterrühren. Teig zu einer Kugel formen und in Frischhaltefolie gewickelt mindestens 30 Minuten kühl stellen.

Backofen auf 190 °C (Umluft: 170 °C) vorheizen und eine Springform (23 cm Durchmesser) einfetten.

Zutaten für die Füllung (bis auf die Eier) in einer Schüssel verrühren. Kräftig abschmecken und Eier unterrühren.

Zwei Drittel des Teigs auf einer leicht bemehlten Arbeitsfläche zu einem 3 Millimeter dicken Kreis (ca. 35 cm Durchmesser) ausrollen und in die vorbereitete Springform legen. Rand andrücken und oben überstehen lassen. Füllung auf dem Teig verteilen und glatt streichen. Überstehenden Teig abschneiden, dabei jedoch einen 1,25 Zentimeter hohen Rand stehen lassen.

Restlichen Teig 3 Millimeter dick ausrollen und mithilfe eines Teigrädchens oder Messers in 4 Zentimeter breite Streifen schneiden. Streifen gitterförmig über die Füllung legen und überstehenden Teig abschneiden. Teiggitter mit Eigelbmischung bestreichen.

Pastete etwa 1 Stunde im vorgeheizten Backofen backen, herausnehmen und auf einem Kuchengitter abkühlen lassen. Noch warm oder leicht abgekühlt servieren.

PFEFFERKRINGEL

TARALLI CON IL PEPE

Diese herzhaften Kringel sind eine Spezialität aus Apulien, in Kampanien sind sie jedoch ebenso beliebt. Sogar ein eigener Feiertag (am 7. September) ist ihnen gewidmet. Servieren Sie sie z. B. als Knabbergebäck zu einem Umtrunk oder zu Suppen oder Salaten.

190 g italienisches Mehl (Type 00) oder Mehl (Type 405/550)
1 TL Salz
1½ TL frisch gemahlener Pfeffer
7 g Trockenhefe
3 EL Butter, zerlassen
etwas Wasser
2 EL grob gemahlener Maisgrieß

Für 35–40 Stück

Mehl auf eine Arbeitsfläche häufen und in die Mitte eine Mulde drücken. Salz, Pfeffer, Hefe und Butter hineingeben und Mehl untermischen. Nach und nach Wasser zugeben und unterkneten, bis sich der Teig zu einer Kugel formen lässt. Noch etwa 10 bis 15 Minuten glatt und weich kneten.

Jeweils eine walnussgroße Teigportion abnehmen, zu einem 20 Zentimeter langen Streifen ausrollen und an den Enden in entgegengesetzte Richtungen verdrehen. Enden zusammendrücken, sodass ein Kringel entsteht. Teigkringel mit einem sauberen, feuchten Küchentuch bedecken und etwa 1½ Stunden gehen lassen. Backofen auf 200 °C (Umluft: 180 °C) vorheizen.

Zwei bis drei Backbleche mit Maisgrieß bestreuen, Teigkringel daraufsetzen und im vorgeheizten Ofen in etwa 30 Minuten goldgelb und knusprig backen. Auf Kuchengittern abkühlen lassen und servieren.

TOMATEN-OLIVEN-TARTES

POMODORO TORTE

Diese Tartes mit Maisgrießboden sind lecker, knusprig und machen einiges her, obwohl sie einfach und schnell zubereitet sind.

TEIG

180 g italienisches Mehl (Type 00) oder Mehl (Type 405/550) und etwas Mehl für die Arbeitsfläche
80 g Maisgrieß, 105 g kalte Butter
105 g Ricotta, 1 großes Eigelb

BELAG

1 Dose Eiertomaten (400 g)
12–16 Kirschtomaten, geviertelt
Salz, frisch gemahlener Pfeffer
1 EL Thymian, fein gehackt
1 EL Oregano, fein gehackt
200 g Ziegenkäse
1 Handvoll entsteinte Oliven
etwas Olivenöl zum Beträufeln
einige Basilikumblättchen zum Garnieren

Für 6 Stück

Teigzutaten in einer Küchenmaschine oder mithilfe eines Handrührgeräts zu einem homogenen Teig verrühren. Auf einer bemehlten Arbeitsfläche zu einer Kugel formen und in sechs gleich große Portionen teilen. Etwas flach drücken und in Frischhaltefolie gewickelt etwa 30 Minuten kühl stellen.

Dosentomaten in einem Sieb abtropfen lassen (Saft zum Trinken auffangen) und fein hacken. Backofen auf 200 C (Umluft: 180 °C) vorheizen.

Teigportionen jeweils auf einer bemehlten Arbeitsfläche zu 3 Millimeter dicken Kreisen ausrollen, mit gehackten Tomaten und Kirschtomaten belegen und kräftig mit Salz und Pfeffer würzen. Mit Thymian und Oregano bestreuen, zerbröckelten Ziegenkäse sowie Oliven darübergeben und mit Öl beträufeln.

Etwa 20 Minuten im vorgeheizten Backofen backen, herausnehmen und mit Basilikum garniert servieren.

RISTORANTE

NUDELN

PASTA

BELIEBTE PASTA

Italien ist für seine Pastagerichte berühmt. Dies gilt besonders für Kampanien und die Amalfiküste. Das Haus meiner Eltern und Großeltern in Minori etwa lag ganz in der Nähe einer großen Nudelfabrik. Wegen ihrer Nähe zum Meer ist sie jedoch vermutlich inzwischen dem Tourismus gewichen.

Für die Herstellung von getrockneten wie frischen Nudeln wird meist Durumweizen (Hartweizen) verwendet, der in Italien als *semola* bekannt ist. In Süditalien ist jedoch auch eine Mischung aus Hartweizen- und Weichweizenmehl der Type 00 gebräuchlich. Auf diese Weise entsteht ein stabilerer Nudelteig, was vor allem für gefüllte Pastavarianten wichtig ist. Meist besteht die Pasta ausschließlich aus Wasser und Mehl, es gibt aber auch Teigvarianten mit Eiern und teils werden weitere Zutaten als Aroma- oder Farbstoffe zugesetzt (z. B. Spinat bei grüner Pasta). Nudeln, die man frisch zu Hause zubereitet, enthalten in der Regel Eier, da Nudelteig aus Hartweizenmehl sich nur schlecht ausrollen lässt. Getrocknete Nudeln hingegen werden in der Regel ausschließlich maschinell aus Hartweizenmehl hergestellt.

Die an der Amalfiküste beliebtesten Nudelformen sind *conchiglioni* (Muschelnudeln), *scialatelli* (kurze, dünne Bandnudeln), *spaghetti*, *paccheri* (kurze Röhrennudeln, ähnlich Rigatoni) und *maccheroni* (Makkaroni). Besonders beliebt waren Letztere bei der ärmeren Bevölkerung Neapels, die landesweit spöttisch *mangiamaccheroni* (»Makkaronifresser«) genannt wurden.

Ergänzt werden Nudelgerichte häufig durch Meeresfrüchte und Gemüse. Zwar gibt es z. B. *Spaghetti alle*

vongole (Venusmuscheln) in allen Küstenregionen Italiens, in Kampanien sind sie jedoch meiner Meinung nach besonders gut. *Scialatelli* werden meist mit Tintenfisch, Miesmuscheln, Garnelen oder Venusmuscheln serviert. Diese Nudelform, die eine Spezialität der Amalfiküste ist, soll 1978 von einem hiesigen Koch erfunden worden sein.

Heimische Gemüsesorten, die häufig für Nudelsaucen verwendet werden, sind z. B. Zucchini, Erbsen, Chicorée, Auberginen und Tomaten. Letztere gibt es in einfachen bis etwas raffinierteren Saucenvarianten wie etwa der neapolitanischen *Puttanesca*-Sauce. Woher ihr Name (»nach Hurenart«) stammt, ist zwar ungeklärt, mit Zutaten wie Peperoncini, Kapern, Sardellen, Knoblauch und Oliven ist sie jedoch entsprechend scharf und pikant. Und natürlich verarbeitet man an der Amalfiküste auch die heimischen Zitronen zu Pastasaucen. Von diesem regionalen Klassiker gibt es Tausende Varianten. Auf S. 60 stelle ich Ihnen meine persönliche vor.

Eine weitere Spezialität der Amalfiküste sind *'ndunderi*, die ähnlich aussehen wie Gnocchi, jedoch nicht aus Kartoffeln, sondern aus Mehl und Ricotta hergestellt und mit einer einfachen Tomaten-Basilikum-Sauce serviert werden. Das Rezept für diese Pastasorte, das aus meinem Heimatort Minori stammt, geht vermutlich auf die Römerzeit zurück und wurde von der UNESCO als eine der weltweit ältesten Nudelsorten anerkannt. In Minori erhält man sie in jeder Trattoria, am besten genießt man sie während der Festa di Santa Trofimena, einem am 13. Juli begangenen Fest zu Ehren der Schutzpatronin der Stadt. Die heilige Trofimena stammte aus Sizilien und wurde von ihren Eltern getötet, als sie zum Christentum übertreten wollte. Ihre sterblichen Überreste wurden in einer marmornen Urne ins Meer geworfen. Wie durch ein Wunder ging diese jedoch nicht unter, sondern wurde im 9. Jahrhundert am Strand von Minori angetrieben. Wenig später wurde ihr zu Ehren eine Kirche errichtet.

Die meisten der in diesem Kapitel vorgestellten Nudelgerichte lassen sich schnell und aus einfachen Zutaten zubereiten. Wenn ich Pasta koche, erinnere ich mich stets, wie mühelos es damals bei meiner Großmutter wirkte, wenn sie das *pranzo* (Mittagessen) zubereitete. Schließlich wollte man sich in der Hitze nicht auch noch in der Küche abrackern. Ein mit Leinen gedeckter Tisch, etwas Brot und Wasser, einige Antipasti und eine dampfende Schüssel mit *pasta pomodoro* – mehr brauchte es damals nicht, um glücklich zu sein.

MAKKARONI MIT FRISCHEN ERBSEN

PASTA E PISELLI

Für dieses leckere Nudelgericht lohnt es sich zu warten, bis frische Erbsen Saison haben. Denn sie steuern eine mehlige Textur und ein besonderes Aroma bei, das ihren tiefgekühlten Pendants fehlt. Erbsen liefern viel Vitamin C und E sowie Zink. In Italien sind sie von Mai bis Juni erhältlich, in Deutschland von Juni bis September. Greifen Sie zu festen, prallen, leuchtend grünen Schoten.

2 EL Olivenöl
1 Zwiebel, fein gehackt
1 Dose Eiertomaten (400 g)
2 Knoblauchzehen, fein zerdrückt
1 l Wasser oder Gemüsebrühe
750 g Erbsen, aus den Schoten gelöst
2 Frühkartoffeln, in 1 cm große Würfel geschnitten
250 g Makkaroni
1 große Handvoll Petersilie, fein gehackt
Salz
frisch gemahlener Pfeffer

ZUM SERVIEREN
125 g frisch geriebener Parmesan
1 große Handvoll Basilikum, fein gehackt
etwas Olivenöl nach Belieben

Für 4–6 Personen

Öl in einem großen Topf bei mittlerer Hitze erwärmen und Zwiebel darin einige Minuten weich und goldbraun braten. Tomaten, Knoblauch und Wasser oder Brühe zugeben und alles gut verrühren, dabei Tomaten fein zerdrücken. Mischung aufkochen und einige Minuten köcheln lassen.

Restliche Zutaten zugeben und alles mit Salz und Pfeffer abschmecken. Mischung einige Minuten köcheln lassen, bis die Nudeln und Erbsen bissfest sind und die Kartoffeln zerfallen.

Nudelgericht auf vorgewärmten Tellern anrichten, mit reichlich Parmesan und Basilikum bestreuen, nach Belieben mit etwas Öl beträufeln und servieren.

GEFÜLLTE PFANNKUCHEN

SOFFIATINI

Diese mit Spinat gefüllten Pfannkuchen sind ein Beispiel für die kampanische Vorliebe für grünes Gemüse, und auch Büffelmozzarella nimmt dabei einen prominenten Platz ein. Die einzelnen Bestandteile lassen sich gut vorbereiten, was nicht nur viel Spaß macht, sondern auch den oft hektischen Alltag erleichtert.

FÜLLUNG
75 g Butter
75 g Mehl
200 ml Milch
100 g gegarter Spinat, grob gehackt
1 TL frisch geriebene Muskatnuss
1 Prise Salz
1 große Handvoll Petersilie, fein gehackt
100 g Büffelmozzarella, grob gewürfelt
75 g Parmaschinken, klein geschnitten
50 g frisch geriebener Parmesan und etwas Parmesan zum Bestreuen
2 Eiweiße, steif geschlagen
frisch gemahlener Pfeffer

PFANNKUCHENTEIG
90 g Mehl
150 ml Milch
2 große Eier, verquirlt
1 Prise Salz
etwas Butter zum Braten und Backen

Für 6 Stück

Für die Füllung Butter in einem Topf bei mittlerer Hitze zerlassen. Mehl zugeben und etwa 1 Minute unter Rühren anbraten, bis eine Mehlschwitze entstanden ist. Vom Herd nehmen und abkühlen lassen.

Milch in einem weiteren Topf zum Kochen bringen, zur Mehlschwitze geben und alles bei mittlerer Hitze unter stetigem Rühren köcheln lassen, bis die Mischung eingedickt ist. Spinat, Muskat und Salz zugeben und alles etwa 1 Minute unter Rühren köcheln lassen. Restliche Zutaten unterheben, Topf vom Herd nehmen und Füllung abkühlen lassen.

Für den Pfannkuchenteig Mehl und Milch in einer Schüssel vermischen. Eier und Salz zugeben und alles mithilfe eines Schneebesens glatt rühren.

Butter in einer schweren Pfanne (ca. 30 cm Durchmesser) bei mittlerer Hitze zerlassen. Eine kleine Schöpfkelle Pfannkuchenteig hineingeben, Pfanne kippen, damit sich der Teig gleichmäßig verteilt, und Teig von beiden Seiten etwa 4 Minuten ausbacken. Pfannkuchen herausnehmen und auf einen Teller setzen. Restlichen Teig auf dieselbe Weise zu fünf weiteren Pfannkuchen ausbacken.

Backofen auf 200 °C (Umluft: 180 °C) vorheizen und ein tiefes Backblech mit zerlassener Butter einfetten.

Je 1 Esslöffel Füllung in die Mitte der Pfannkuchen setzen, je zwei gegenüberliegende Seiten einschlagen, sodass sie sich in der Mitte überlappen. Andere Seiten ebenfalls zur Mitte hin einschlagen, sodass ein Päckchen entsteht. Pfannkuchenpäckchen auf das vorbereitete Backblech legen, mit Parmesan bestreuen und im vorgeheizten Backofen in etwa 12 Minuten knusprig und goldbraun backen. Herausnehmen und sofort servieren.

BUCATINI MIT ZUCCHINI

BUCATINI CON ZUCCHINI

Für dieses Rezept verwende ich, wenn möglich, stets Zucchini der Sorte ‚Costata Romanesco'. Sie haben tiefe Längsrillen, sind schlanker sowie knackiger und weniger saftig als andere Sorten und punkten mit ihrem intensiven Aroma. Wer einen Garten oder Balkon besitzt, kann sie aus Samen selbst ziehen. Das passende Saatgut gibt es im Onlinehandel.

150 ml Olivenöl
1 kg Zucchini, in dünne Scheiben geschnitten
500 g Bucatini oder andere lange Nudeln (z. B. Spaghetti)
Salz
3 ½ EL Butter, gewürfelt
115 g frisch geriebener Parmesan
115 g frisch geriebener Provolone (italienischer Hartkäse)
1 Handvoll Minze- und Basilikumblättchen
frisch gemahlener Pfeffer

Für 6 Personen

Öl in einer großen, hohen Pfanne erhitzen. Zucchinischeiben darin portionsweise etwa 3 Minuten goldbraun frittieren und vom Herd nehmen.

Nudeln in einem großen Topf mit ausreichend Salzwasser nach Packungsanweisung bissfest garen. In ein Sieb abgießen und abtropfen lassen, dabei 240 Milliliter Nudelkochwasser auffangen.

Nudeln und Zucchini in den Topf geben, Butter, beide Käsesorten, Kräuter sowie etwas Salz und Pfeffer zugeben und alles unter Rühren erhitzen, bis eine dickflüssige Sauce entstanden ist. Nach Bedarf etwas Nudelkochwasser unterrühren, bis die gewünschte Konsistenz erreicht ist. Vom Herd nehmen und sofort servieren.

SPAGHETTI MIT ZITRONE UND CRÈME DOUBLE

SPAGHETTI AL LIMONE

Dieses typische Gericht der Amalfiküste gibt es in tausend verschiedenen Varianten.
Im Wesentlichen besteht es jedoch aus nur fünf Zutaten und ist in 15 Minuten fertig zubereitet.

600 g Spaghetti
Salz
300 g Crème double
Saft von 1 Zitrone und abgeriebene Schale von 3 unbehandelten Zitronen
90 g zimmerwarme Butter
frisch gemahlener Pfeffer

Für 6 Personen

Spaghetti in einem großen Topf mit ausreichend Salzwasser nach Packungsanweisung bissfest garen. In ein Sieb abgießen und abtropfen lassen, dabei 240 Milliliter Nudelkochwasser auffangen.

Nudeln wieder in den Topf geben. Crème double, Zitronensaft und -abrieb sowie Butter zugeben und alles gut verrühren. Bei Bedarf etwas Nudelkochwasser unterrühren, bis die Sauce die gewünschte Konsistenz hat. Mit Pfeffer und Salz abschmecken und sofort servieren.

RICOTTA-GNOCCHI

RICOTTA GNOCCHI 'NDUNDERI'

Dieses für Minori typische Gericht wird üblicherweise zum Fest der Ortspatronin Santa Trofimena am 13. Juli serviert. Für den TV-Sender Sky Italia durfte ich die Gnocchi zusammen mit Gennaro Contaldo, einem ausgezeichneten Koch und renommierten Kochbuchautor aus Minori, zubereiten. Da er sich noch an viele meiner verstorbenen Verwandten erinnert, ist es immer wieder ein Vergnügen, ihn zu treffen und gemeinsam in Erinnerungen zu schwelgen.

300 g Ricotta, abgetropft
125 g italienisches Mehl (Type 00) oder Mehl (Type 405/550) und etwas Mehl zum Arbeiten
40 g frisch geriebener Parmesan und etwas Parmesan zum Bestreuen
2 große Eigelb
1 TL frisch geriebene Muskatnuss
Salz
frisch gemahlener Pfeffer

SAUCE
4 EL Olivenöl
350 g Kirschtomaten, halbiert
2 Knoblauchzehen, fein gehackt
Salz
frisch gemahlener Pfeffer
1 Prise Chiliflocken nach Belieben
12 Basilikumblättchen, grob gehackt

Für 6 Personen

Zutaten für die Gnocchi in einer Schüssel verrühren. Teig auf eine leicht bemehlte Arbeitsfläche geben und glatt kneten.

Gnocchiteig zu fingerdicken, langen Strängen rollen und in 2 Zentimeter lange Stücke schneiden. Teigstücke über ein geriffeltes Gnocchibrett rollen, auf ein bemehltes Tablett legen und einige Minuten kühl stellen.

Gnocchi in einem großen Topf mit ausreichend Salzwasser mindestens 6 bis 8 Minuten garen, bis sie an die Oberfläche steigen.

Für die Sauce 2 Esslöffel Olivenöl in einem Topf erhitzen und Tomaten, Knoblauch und 1 Prise Salz zugeben. Bei mittlerer Hitze erwärmen und etwa 6 Minuten köcheln lassen, bis die Tomaten weich werden und Saft abgeben. Sauce mit Salz, Pfeffer und nach Belieben Chiliflocken abschmecken und Basilikum sowie restliches Olivenöl unterrühren.

Gnocchi mithilfe eines Schaumlöffels herausnehmen und mit etwas Kochwasser zur warmen Sauce geben. Alles gut vermischen und sofort mit Parmesan bestreut servieren.

ANMERKUNGEN:

• *Greifen Sie zu frischen Kirschtomaten, die intensiv duften, wenn Sie an den Rispen riechen.*

• *Chiliflocken sorgen für mehr Schärfe und verleihen der Sauce das gewisse Etwas.*

• *Wenn Sie kein Gnocchibrett besitzen, können Sie die Teigstücke stattdessen auch mithilfe einer Gabel einkerben oder sie vorsichtig über eine Sushimatte rollen.*

SPAGHETTI MIT FISCHSAUCE

COLATURA DI ALICI

Bei der Herstellung der italienischen Fischsauce *Colatura di Alici* werden Sardellen in Salz eingelegt und fermentiert. Die köstliche Würzsauce ist im Onlinehandel und gut sortierten Feinkostläden erhältlich.

5 EL Olivenöl
80 g Semmelbrösel
Salz
frisch gemahlener Pfeffer
450 g Spaghetti
3 EL *Colatura di Alici* (italienische Fischsauce)
1 Knoblauchzehe, fein gehackt
1 TL Chiliflocken
20 g Petersilie, fein gehackt
2 TL abgeriebene Schale von 1 unbehandelten Zitrone und Saft von 1 Zitrone

Für 4 Personen

1 Esslöffel Öl in einer kleinen Pfanne erhitzen und Semmelbrösel darin unter stetigem Rühren bei mittlerer Hitze goldbraun rösten. Mit Salz und Pfeffer würzen, vom Herd nehmen und beiseitestellen.

Spaghetti in einem großen Topf mit ausreichend Salzwasser nach Packungsanweisung bissfest garen. In ein Sieb abgießen und abtropfen lassen, dabei 240 Milliliter Kochwasser auffangen.

Colatura, Knoblauch und Chiliflocken in einer Schüssel mit 2 Esslöffeln Nudelkochwasser und restlichem Öl zu einer Sauce verrühren.

Nudeln gut mit der Sauce vermengen. Semmelbrösel, Petersilie sowie Zitronenschale und -saft unterrühren. Mit Salz und Pfeffer abschmecken und nach Bedarf noch etwas Nudelkochwasser unterrühren, bis die gewünschte Konsistenz erreicht ist. Sofort servieren.

TAGLIONI MIT PUTTANESCASAUCE

TAGLIONI ALLA PUTTANESCA

Diese würzige Tomatensauce wurde Mitte des 20. Jahrhunderts in Neapel ersonnen. Mit der leicht salzigen, aromatisch-saftigen Sauce ist dieses Nudelgericht der perfekte Abschluss für einen langen Tag am bzw. auf dem Meer.

500 g Taglioni oder Bandnudeln
Salz
100 ml Olivenöl
2 Knoblauchzehen, fein zerdrückt
1 große Prise Chiliflocken
8 Sardellenfilets, abgetropft und 30 Minuten in Milch eingelegt
1 Handvoll Oreganoblätter
1 Handvoll Petersilie, fein gehackt
1 Dose Eiertomaten (400 g)
100 g entsteinte schwarze Oliven, fein gehackt
1½ EL Kapern

Für 6 Personen

Nudeln in einem großen Topf mit ausreichend Salzwasser nach Packungsanweisung bissfest garen. In ein Sieb abgießen und abtropfen lassen, dabei 240 Milliliter Nudelkochwasser auffangen.

Öl in einer Pfanne erhitzen und Knoblauch sowie Chiliflocken darin leicht anbraten. Sardellen zugeben, zerdrücken und unter Rühren kurz mitbraten.

Etwas Oregano und Petersilie zum Garnieren beiseitestellen. Restliche Kräuter, Tomaten, Oliven und Kapern zur Sardellensauce geben und alles bei mittlerer Hitze etwa 10 Minuten unter gelegentlichem Rühren köcheln lassen.

Nudeln zur Sauce geben und gut untermischen. Bei Bedarf etwas Nudelkochwasser unterrühren, bis die gewünschte Konsistenz erreicht ist. Nudeln mit beiseitegestellten Kräutern garnieren und sofort servieren.

KICHERERBSEN-PASTA MIT TINTENFISCH UND KICHERERBSEN

LAGANELLE CON CALAMARI E CECI

Dies ist eines meiner Lieblingsrezepte in diesem Buch. Ich habe viel experimentiert, um das perfekte Verhältnis von Kichererbsen- und Weizenmehl zu finden. Mit den angegebenen Mengen erhalten die Nudeln einen herrlichen Geschmack und der Teig lässt sich besonders gut verarbeiten.

175 g Kichererbsenmehl
480 g italienisches Mehl (Type 00) oder Mehl (Type 405/550) und etwas Mehl zum Arbeiten
6 große Eier
etwas Grieß zum Bestreuen
Salz

SAUCE
60 ml Olivenöl
3 Knoblauchzehen, in Scheiben geschnitten
1–2 kleine Chilischoten, fein gehackt
1 kg küchenfertige kleine Tintenfische, in 1 cm dicke Ringe geschnitten
60 ml trockener Weißwein
450 g reife Kirschtomaten, halbiert
300 g gekochte Kichererbsen
1 große Handvoll Petersilie, fein gehackt
Salz
frisch gemahlener Pfeffer

Für 6 Personen

Beide Mehlsorten in einer Schüssel vermischen und in die Mitte eine Mulde drücken. Eier in die Mulde geben und mithilfe einer Gabel verschlagen. Mehl nach und nach untermischen, bis ein homogener Teig entstanden ist. Teig gründlich verkneten, bis er sich zu einer elastischen, glatten Kugel formen lässt.

Teig je nach Zimmertemperatur 10 bis 15 Minuten kühl stellen, in drei gleich große Portionen teilen und mit einem sauberen Küchentuch bedecken.

Teigportionen nacheinander auf einer bemehlten Arbeitsfläche mithilfe eines Teigrollers oder einer Nudelmaschine ausrollen, in 18 Zentimeter lange, schmale Streifen schneiden und auf ein sauberes, mit Grieß bestreutes Küchentuch legen. Teigstreifen einige Minuten trocknen lassen, bis sie sich an der Oberfläche trocken anfühlen, aber noch biegsam sind. Dabei gelegentlich wenden. Nudeln mit Grieß bestreuen.

Ausreichend Salzwasser in einem großen Topf zum Kochen bringen und Nudeln darin 3 bis 5 Minuten garen. In ein Sieb abgießen und abtropfen lassen, dabei 125 Milliliter Nudelkochwasser auffangen.

Für die Sauce Öl in einem großen Topf erhitzen und Knoblauch sowie Chili darin anbraten. Tintenfische zugeben und etwa 1 Minute bei mittlerer Hitze garen. Wein zugießen und alles kurz sprudelnd kochen lassen. (Tintenfisch sollte nicht länger als 5 Minuten garen, sonst wird er gummiartig.) Tomaten, Kichererbsen und Hälfte der Petersilie zufügen. Nudelkochwasser zugießen und alles etwa 1 Minute unter Rühren köcheln lassen. Sauce kräftig mit Salz und Pfeffer würzen und mit den Nudeln mischen. Restliche Petersilie zugeben und Pasta sofort servieren.

CHICORÉE-RAVIOLI

RAVIOLI CON CICORIA

Die leicht bitteren Chicoréeblätter, die in diesem Rezept die Raviolifüllung ergänzen, harmonieren perfekt mit der süßlichen Puttanescasauce. Nach Belieben können Sie stattdessen auch Spinat, Mangold oder Rucola verwenden. Dieses Gericht habe ich erstmals an einem kalten Februartag in einem kleinen Café in Venedig probiert. Abends ging ich wieder hin und bestellte es mir noch mal, um mir den Geschmack besser einzuprägen.

PASTA
115 g italienisches Mehl (Type 00) oder Mehl (Type 405/550)
115 g Grießmehl
2 große Eier
Salz

FÜLLUNG
500 g Chicoréeblätter
Salz
250 g Ricotta
1 Knoblauchzehe, fein zerdrückt
1 Prise Chiliflocken nach Belieben
1 großes Ei
100 g frisch geriebener Parmesan
frisch gemahlener Pfeffer

ZUM SERVIEREN
3 ½ EL Butter
etwas Puttanescasauce (siehe S. 67)
etwas frisch geriebener Parmesan

Für 4 Personen

Nudelteig gemäß dem Rezept auf Seite 70 zubereiten. Wie beschrieben ausrollen und in 7,5 Zentimeter breite Streifen schneiden.

Für die Füllung Chicorée in einem Topf mit ausreichend Salzwasser in 7 bis 10 Minuten weich garen. In ein Sieb abgießen, gut abtropfen lassen und fein hacken.

Chicorée, Ricotta, Knoblauch, nach Belieben Chiliflocken sowie Ei und Parmesan verrühren und mit Salz und Pfeffer abschmecken. Jeweils etwas Füllung im Abstand von 7,5 Zentimeter auf einen Teigstreifen setzen. Einen zweiten Teigstreifen darüberlegen, rund um die Füllung andrücken und Teig in gleich große Ravioli schneiden. Ränder festdrücken. Mit den restlichen Teigstreifen und der übrigen Füllung ebenso verfahren. (Ravioli innerhalb von 1½ Stunden weiterverarbeiten, damit die Füllung nicht herausläuft.)

Ravioli in einem großen Topf mit ausreichend Salzwasser etwa 8 Minuten köcheln lassen, bis sie an die Oberfläche steigen. In ein Sieb abgießen und abtropfen lassen. Ravioli mit Butter bestreichen und mit warmer Puttanescasauce sowie etwas Parmesan servieren.

FUSILLI MIT TOMATEN UND VENUSMUSCHELN

FUSILLI DIVINA

Costa divina (»Göttliche Küste«) nannten viele Dichter die für ihre Schönheit berühmte Amalfiküste. Die Spiralform der Fusilli ist in dieser Region einzigartig, und es lohnt sich, ihre Herstellung zu erlernen. Die etwas knifflige Technik habe ich schon vielen Kursteilnehmern beigebracht und weiß daher, dass es ein wenig Übung erfordert, bis man den Dreh raushat.

420 g italienisches Mehl (Type 00) oder Mehl (Type 405/550) und etwas Mehl zum Arbeiten
250 ml Wasser
Salz

SAUCE
1 kg Venusmuscheln
1 EL Mehl
125 ml Olivenöl
2 Knoblauchzehen, in Scheiben geschnitten
600 g Eiertomaten, entkernt und in 2 cm große Stücke geschnitten
1 Handvoll Petersilie, fein gehackt
2 EL Kapern, fein gehackt
200 g Rucola
Salz
frisch gemahlener Pfeffer

Für 6 Personen

Für die Pasta Mehl auf ein Holzbrett häufen und eine Mulde in die Mitte drücken. Wasser und 1 Prise Salz in einer Schüssel verrühren. Mischung nach und nach in die Mulde geben und mithilfe einer Gabel mit dem Mehl vermischen, bis ein homogener Teig entstanden ist.

Teig mindestens 10 Minuten kräftig glatt kneten, bis er glatt und geschmeidig ist. Teig abgedeckt etwa 30 Minuten ruhen lassen.

Zwei Backbleche mit sauberen Küchentüchern belegen und mit etwas Mehl bestäuben. Jeweils eine weintraubengroße Teigportion abnehmen (restlichen Teig abgedeckt lassen), auf einem bemehlten Holzbrett zu einem 6 Millimeter dicken Strang rollen und diesen in 5,5 Zentimeter lange Stücke schneiden. Jeweils mit etwas Mehl bestäuben und ein Ende um einen Bambus- oder Metallspieß wickeln. Festhalten, den Spieß auf das Brett legen und vom Körper wegrollen. Damit die Spirale dünner wird, mit beiden Händen festhalten und Spieß hin- und herrollen. Dabei die Teigspirale vorsichtig nach außen ziehen, bis die Nudeln jeweils ca. 5,5 Zentimeter lang sind. Nudeln auf die vorbereiteten Backbleche legen und einige Minuten trocknen lassen.

Für die Sauce Venusmuscheln in eine große Schüssel mit kaltem Wasser geben. Mehl unterrühren und Muscheln etwa 15 Minuten in der Mischung ziehen lassen. Herausnehmen, etwa 10 Minuten in klarem Wasser einweichen, in ein Sieb abgießen und abtropfen lassen.

Fusilli in einem großen Topf mit ausreichend Salzwasser 3 bis 5 Minuten garen. In ein Sieb abgießen und abtropfen lassen, dabei 250 Milliliter Nudelkochwasser auffangen. Nudeln warm halten.

Olivenöl in einem großen Topf bei mittlerer Hitze erwärmen und Knoblauch kurz darin anschwitzen. Tomaten, Petersilie und Kapern unterrühren, Temperatur erhöhen und Venusmuscheln sowie aufgefangenes Nudelkochwasser zugeben. Unter gelegentlichem Rühren sprudelnd kochen lassen, bis sich alle Muscheln geöffnet haben (geschlossene Exemplare entsorgen). Etwas gewaschenen, trocken getupften Rucola zum Garnieren beiseitelegen. Restlichen Rucola zur Sauce geben und unter Rühren zusammenfallen lassen. Sauce mit Salz und Pfeffer abschmecken und vom Herd nehmen. Warme Fusilli zu den Muscheln geben und gründlich unterrühren. Mit beiseitegestelltem Rucola garniert servieren.

BASILIKUMNUDELN MIT AUBERGINE UND TOMATEN

SCIALATELLI CON MELANZANE E POMODORI

Dieses Rezept wurde im berühmten Hotel Santa Caterina entwickelt, das schon seit über hundert Jahren besteht und mit das beste Essen in ganz Kampanien serviert. Neben seiner herrlichen Küstenlage mit Meerblick kann es auch einen eigenen Küchengarten vorweisen, der hervorragende Zutaten hervorbringt.

400 g italienisches Mehl (Type 00) oder Mehl (Type 405/550) und etwas Mehl zum Arbeiten
375 ml Milch
1 großes Ei
60 g geriebener Parmesan und etwas Parmesan zum Servieren
2 1/2 TL Basilikum, fein gehackt, und einige Basilikumblättchen zum Garnieren
1 mittelgroße Aubergine, in 1,25 cm große Stücke geschnitten
Salz
60 ml Olivenöl
3 Knoblauchzehen, in dünne Scheiben geschnitten
3 mittelgroße Tomaten, in 1,25 cm große Stücke geschnitten
150 g Mozzarella, in 1 cm große Würfel geschnitten

Für 6 Personen

Für den Nudelteig Mehl auf ein Holzbrett häufen, eine Mulde in die Mitte drücken und Milch, Ei, Parmesan und Basilikum hineingeben. Alles mithilfe einer Gabel zu einem homogenen Teig verrühren und mit den Händen verkneten, bis er sich zu einer elastischen, glatten Kugel formen lässt. Abgedeckt etwa 30 Minuten kühl stellen.

Auberginenstücke schichtweise in ein Sieb geben und Schichten jeweils mit etwas Salz bestreuen. Mithilfe eines Gewichts beschweren und etwa 20 Minuten ruhen lassen. Salz abspülen und Auberginenstücke mit Küchenpapier trocken tupfen.

Nudelteig auf einer bemehlten Arbeitsfläche mithilfe eines Teigrollers oder einer Nudelmaschine ausrollen. (Wenn Sie eine Nudelmaschine verwenden, den Teig in vier gleich große Portionen teilen und Teigportionen nacheinander ausrollen, dabei die übrigen Portionen jeweils abgedeckt lassen.) Teig auf einer bemehlten Arbeitsfläche etwas trocknen lassen und in Bandnudeln schneiden.

Hälfte des Öls in einer großen Pfanne erhitzen. Auberginenstücke mit Mehl bestäuben, bei mittlerer Hitze im heißen Öl anbraten und vom Herd nehmen.

Pasta in einem großen Topf mit ausreichend Salzwasser je nach gewünschter Konsistenz einige Minuten bissfest garen. In ein Sieb abgießen und abtropfen lassen, dabei 240 Milliliter Kochwasser auffangen.

Restliches Öl in einem großen Topf bei mittlerer Hitze erwärmen und Knoblauch kurz darin anbraten. Tomaten und Auberginen zugeben. Bei Bedarf etwas Nudelkochwasser unterrühren, bis die gewünschte Konsistenz erreicht ist. Nudeln zufügen und gut untermischen. Mit Mozzarella, Basilikumblättchen und Parmesan garnieren und servieren.

SPAGHETTI MIT LANGUSTENSAUCE

SPAGHETTI CON SALSA DI ARAGOSTE

Die besten Langusten – klein und süßlich im Geschmack – gibt es an der Amalfiküste. Mit ihrem vollen Aroma bereichern sie jedes noch so einfache Nudelgericht.

Salz
3 kleine Langusten oder Langustenschwänze (à ca. 400 g)
3 EL Olivenöl und 2 EL Öl zum Beträufeln
2 Knoblauchzehen, fein gehackt
1 große Prise Chiliflocken
125 ml trockener Weißwein
1 Handvoll Petersilie, grob gehackt
frisch gemahlener Pfeffer
350 g Spaghetti

Für 4 Personen

Ausreichend Salzwasser in einem großen Topf zum Kochen bringen. Langusten zugeben, etwa 12 Minuten köcheln und abkühlen lassen. Langusten halbieren, Fleisch aus den Schalen lösen und Darm mithilfe eines kleinen Messers entfernen. Scheren aufbrechen, Fleisch ebenfalls herauslösen und beiseitestellen.

Öl in einer großen Pfanne erhitzen und Knoblauch sowie Chiliflocken darin einige Minuten anbraten. Wein zugießen, alles zum Kochen bringen und Langustenfleisch sowie Petersilie etwa 4 Minuten unter Rühren in der Sauce köcheln lassen. Mit Salz und Pfeffer abschmecken.

Spaghetti in einem großen Topf mit ausreichend Salzwasser nach Packungsanweisung bissfest garen. In ein Sieb abgießen und abtropfen lassen, dabei 240 Milliliter Kochwasser auffangen.

Spaghetti mit der Langustensauce vermischen und nach Bedarf etwas Nudelkochwasser unterrühren, bis die gewünschte Konsistenz erreicht ist. Mit Olivenöl beträufeln und sofort servieren.

SPAGHETTI NACH CAPRI-ART

SPAGHETTI ALLA CAPRESE

Dieses herrlich einfache und erfrischend leichte Nudelgericht mit Tomaten und Mozzarella ist genau das Richtige für brütend heiße Tage. Es ist schnörkellos und schnell gemacht. Wichtig ist nur, möglichst hochwertige Zutaten zu verwenden.

250 g reife Dattel- oder Kirschtomaten, geviertelt
1 Knoblauchzehe, in Scheiben geschnitten
3 EL Olivenöl, Salz
500 g Spaghetti
125 g Büffelmozzarella, in mundgerechte Stücke geschnitten
1 große Handvoll Basilikum, grob gehackt
2 TL Oregano, fein gehackt
frisch gemahlener Pfeffer
etwas frisch geriebener Parmesan zum Servieren

Für 4–6 Personen

Tomaten in einer großen Schüssel mit Knoblauch, Öl und Salz vermengen und alles etwa 30 Minuten durchziehen lassen.

Spaghetti in einem großen Topf mit ausreichend Salzwasser nach Packungsanweisung bissfest garen. In ein Sieb abgießen und abtropfen lassen, dabei 240 Milliliter Kochwasser auffangen.

Mozzarella zur Tomatenmischung geben. Spaghetti untermengen und bei Bedarf etwas Nudelkochwasser unterrühren, bis die gewünschte Konsistenz erreicht ist. Mit Basilikum, Oregano, Pfeffer und Parmesan bestreuen und sofort servieren.

HAUPTGERICHTE

PIATTI PRINCIPALI

CASA VACANZE

1Roma 4194D

IM MITTELPUNKT

Die Küche der Amalfiküste ist von ihrer geografischen Lage, dem vorherrschenden Klima und den regionalen Zutaten geprägt. Da es sich um eine Küstenregion handelt, spielen bei den meisten Gängen – vor allem beim *piatto principale* (Hauptgang) – Fisch und Meeresfrüchte eine große Rolle. Ob in Italien, England oder sonstwo auf der Welt – stets liebe ich es, ans Meer zu gehen und zum Mittag- oder Abendessen fangfrischen Fisch zu kaufen. Direkt vom Fischer hat er die beste Qualität.

Die Fischer an der Amalfiküste sind für ihr unerschrockenes Gemüt bekannt: Jeden Tag fahren sie aufs wankelmütige Meer hinaus, ohne zu wissen, welches Wetter sie erwartet (während ihre ebenso tapferen Frauen geduldig zu Hause warten). Die Region wird vor allem im Juli und August oft von heftigen Stürmen heimgesucht, die aus dem Nichts zu kommen scheinen. Ich erinnere mich noch gut daran, wie die vom Sturm aufgepeitschten Wellen bisweilen bis zum Balkon unseres an der Strandpromenade von Minori gelegenen Hauses schlugen und die dort stehenden Töpfe mit Basilikum und Geranien von einer Seite zur anderen fegten. In der unerbittlichen Hochsommerhitze, die wir *lucifero* (Luzifer) nennen, sind diese Stürme jedoch oft eine echte Erlösung – als hätte die Natur beschlossen, die Umgebung durch einen Sturm abzukühlen. Auch dem Grundwasser sowie Pflanzen und Tieren kommt dies zugute.

Fisch ist die wichtigste Zutat für die in Privathaushalten und Restaurants servierten Hauptgerichte. Was dabei jeweils auf den Tisch kommt, hängt vom täglichen Angebot der Fischer ab. Besonders reich ist dieses im Sommer, wenn das Wetter wärmer wird. Die hiesigen Fischgerichte werden schnell und einfach zubereitet und oft nur mit einer halbierten Amalfi-Zitrone oder einem Spritzer Olivenöl serviert. Thunfisch wird manchmal vor der Zubereitung mariniert und einige Fischsorten werden mit dünnen Zucchinischeiben umwickelt, wodurch das Fleisch besonders zart bleibt. Beliebt ist auch Tintenfisch mit Kartoffeln, eine Spezialität des Fischerorts Praiano. Kleine Fische wie Sardellen, Kalmare und Garnelen frittiert man oft in einem leichten Teig und serviert sie mit Zitronenspalten. Ähnliche Gerichte erhält man auch im Straßenverkauf in spitzen Papiertüten (*cuoppo*).

Zwar ist die Auswahl an Fisch und Meeresfrüchten im Winter geringer, doch ich schätze es sehr, dass das Essen an der Amalfiküste und allgemein in Italien auch heute noch von den Jahreszeiten bestimmt wird. Während vielerorts nicht mehr saisonal gekocht wird, genießen wir die Zutaten der jeweiligen Saison.

Die Restaurants der Amalfiküste bieten für Touristen zwar auch eine Auswahl an Fleischgerichten – wie z. B. Steaks – an, in Privathaushalten kommt Fleisch jedoch sehr selten auf den Tisch. Abgesehen von Salami und anderen Wurstwaren ist es heute noch ein Luxusgut, das nur an Feiertagen und zu festlichen Anlässen serviert wird. Auch dies ist durch die geografischen Gegebenheiten bedingt, denn die zerklüfteten Küstenhänge bieten wenig Platz für Weideflächen, auf denen man Schafe, Ziegen oder Kühe halten kann. Fleisch stammt meist aus dem Landesinneren oder aus anderen nahe gelegenen Regionen (z. B. Lammfleisch aus Kalabrien). Rind- und Kalbfleisch gibt es nur gelegentlich, etwa als Sonntagsessen in Form eines *ragù napoletano*. Hierzu werden Fleischstücke oder schmackhaft gefüllte kleine Rinds- bzw. Kalbsrouladen mehrere Stunden in einer Tomaten-Wein-Sauce gekocht. Ein Großteil der mit Bratenfond angereicherten Sauce wird mit Nudeln als Vorspeise serviert, die Rouladen werden – allein oder mit Gemüse – als Hauptgericht gereicht.

Auch das pralle, köstliche Fleisch von Maishähnchen stammt meist von höher gelegenen Bauernhöfen, da die Küste nicht ausreichend Platz für Ställe bietet. Kaninchen hingegen werden bisweilen auch in Privathaushalten gehalten und verarbeitet. Gelegentlich findet man auf den Speisekarten auch Wildkaninchen und -geflügel, das von ortsansässigen Jägern erlegt wird.

Hauptgerichte beschränken sich an der Amalfiküste auf wenige, einfach verarbeitete Zutaten. Umso wichtiger ist deren Qualität. Als Kochlehrerin rate ich meinen Schülern daher stets, lieber weniger, dafür jedoch hochwertigere Produkte zu verwenden – sei es Fleisch, Hähnchen oder Fisch. Zwar sind sie etwas teurer, doch der bessere Geschmack ist die Ausgabe wert. Verwendet man darüber hinaus pro Mahlzeit weniger von einer Zutat, kann man die Reste für ein weiteres Gericht verwerten. Wenn man sie – ganz nach italienischer Art – außerdem weniger oft serviert, bleibt der Genuss umso mehr im Gedächtnis.

GEDÜNSTETE MEERESFRÜCHTE

FRUTTI DI MARE IN UMIDO

Das Wunderbare an Meeresfrüchten ist, dass sie köstlich und nahrhaft, dabei jedoch schnell und einfach zuzubereiten sind. In Italien ist dies schon lange bekannt. Schließlich möchte man, wenn es draußen brütend heiß ist, nicht auch noch lange in der Küche stehen.

24 Miesmuscheln
24 Venusmuscheln
4–6 Scheiben Weißbrot
60 ml Olivenöl
2 Knoblauchzehen, fein zerdrückt
2 Eiertomaten, entkernt und grob gehackt
1 Handvoll Petersilienblättchen
350 ml trockener Weißwein

Für 4–6 Personen

Backofen auf 200 °C (Umluft: 180 °C) vorheizen. Miesmuscheln entbarten und Schalen abbürsten, Venusmuscheln gründlich waschen. Bereits geöffnete Muscheln aussortieren.

Brotscheiben nebeneinander auf ein Backblech legen und im vorgeheizten Backofen etwa 6 Minuten rösten. Wenden und noch etwa 6 Minuten rösten. Herausnehmen und auf einem Kuchengitter abkühlen lassen.

Öl in einer großen Pfanne bei mittlerer Hitze erwärmen und Knoblauch darin kurz anbraten. Tomaten und Hälfte der Petersilie zugeben, Temperatur erhöhen und Mischung unter stetigem Rühren etwa 1 Minute garen.

Wein zugießen und alles sprudelnd kochen lassen, bis der Wein verdampft ist. Mies- und Venusmuscheln zufügen und Herdtemperatur auf mittlere Hitze reduzieren. Muscheln zugedeckt etwa 10 Minuten köcheln lassen, dabei Pfanne immer wieder rütteln, bis sich alle Muscheln geöffnet haben. Geschlossene Muscheln aussortieren.

Muscheln mit der Sauce auf einem großen Servierteller anrichten. Mit restlicher Petersilie bestreuen und mit gerösteten Brotscheiben servieren.

SPAGHETTI MIT VENUSMUSCHELN

SPAGHETTI ALLE VONGOLE

Meine Familie hätte es mir nie verziehen, wenn ich dieses Rezept unerwähnt gelassen hätte. Frische Nudeln sind hierfür nicht geeignet. Greifen Sie stattdessen zu getrockneten Hartweizennudeln.

1 kg Venusmuscheln
Salz
500 g Spaghetti
125 ml Olivenöl
2 Knoblauchzehen, fein gehackt
3 EL Petersilie, fein gehackt
2 TL Chiliflocken

Für 6 Personen

Muscheln mindestens 30 Minuten (möglichst noch länger) in einer großen Schüssel mit Salzwasser ruhen lassen, um sie von Sand zu reinigen. In ein Sieb abgießen, kalt abspülen und abtropfen lassen.

Spaghetti in einem großen Topf mit ausreichend Salzwasser nach Packungsanweisung bissfest garen. In ein Sieb abgießen und abtropfen lassen, dabei 240 Milliliter Kochwasser auffangen.

Öl in einer großen Pfanne bei mittlerer Hitze erwärmen und Knoblauch etwa 1 Minute darin anbraten. Muscheln, Petersilie und Chiliflocken zugeben und etwa 5 Minuten garen, bis sich die Muscheln geöffnet haben (geschlossene Exemplare aussortieren). Muschelsauce mit den heißen Spaghetti vermischen, bei Bedarf etwas Nudelkochwasser unterrühren und servieren.

SCHARFER TINTENFISCHSALAT

PICCANTE INSALATA DI CALAMARI

Nach einem langen Tag am Strand oder auf dem Wasser ist dieser Tintenfischsalat genau das Richtige, um den Abend bei Sonnenuntergang mit Blick auf das Meer ausklingen zu lassen.

1 Baby-Romanasalat
1 kg Tintenfisch
2 EL Olivenöl
½ rote Zwiebel, in dünne Scheiben geschnitten
20 g Minzeblättchen
20 g Basilikumblättchen
1 rote Chilischote, entkernt und in dünne Ringe geschnitten

DRESSING
2 Knoblauchzehen, grob gehackt
1 kleine rote Chilischote, grob gehackt
1 TL Salz
2 EL Zitronensaft und abgeriebene Schale von 1 unbehandelten Zitrone
2 EL Olivenöl

Für 6 Personen

Salat putzen, waschen, trocken tupfen und Salatblätter auf einer großen Servierplatte oder sechs Tellern anrichten. Tintenfisch waschen, innen kreuzweise einschneiden und in Streifen schneiden. Dressingzutaten in einer Küchenmaschine oder einem Standmixer glatt rühren.

Tintenfischstreifen in einer Schüssel mit Olivenöl mischen und in einer großen Pfanne bei mittlerer Hitze in 1 bis 2 Minuten rundum anbraten (nicht zu lange garen, sonst wird er zäh).

Tintenfisch in eine große Schüssel geben. Zwiebel, Minze, Basilikum und Chili zugeben, Dressing darübergeben und Zutaten gut mischen. Tintenfischmischung auf den Salatblättern anrichten und servieren.

MIT FISCH GEFÜLLTE ZUCCHINIBLÜTEN

PESCI SERRA AI FIORI DI ZUCCA

Dieses sommerliche Gericht ist farbenfroh, macht viel her und steckt voller leckerer Aromen. Wer keinen Garten oder Balkon hat, um Zucchini selbst anzupflanzen, erhält die Blüten z. B. auf dem Wochenmarkt oder in gut sortierten Feinkostläden.

8 mittelgroße Zucchini und 24 Zucchiniblüten
Salz
675 g Schwertfisch- oder Thunfischsteaks (2,5 cm dick, ohne Haut)
frisch gemahlener Pfeffer
1 großes Ei, verquirlt
60 ml Olivenöl
2 Knoblauchzehen, fein zerdrückt
175 ml trockener Weißwein

Für 6 Personen

Zucchini putzen, waschen und trocken tupfen. Hälfte der Zucchini mit einem großen Messer längs in 2 Millimeter dicke Streifen schneiden (es werden 24 Streifen benötigt). Restliche Zucchini grob raspeln.

Ausreichend Salzwasser in einem großen Topf zum Kochen bringen und Zucchinistreifen darin etwa 2 Minuten blanchieren, bis sie weich und biegsam geworden sind.

Fisch in 24 etwa 6 Zentimeter lange und 1 Zentimeter dicke Stücke schneiden und mit Salz und Pfeffer würzen.

Zucchiniblüten vorsichtig öffnen und Staubgefäße entfernen. Unter kaltem Wasser abspülen und mit Küchenpapier trocken tupfen. Innenseiten mit verquirltem Ei bestreichen und Fischstücke in die Blüten stecken.

Olivenöl in einer großen Pfanne bei mittlerer Hitze erwärmen. Geraspelte Zucchini, Knoblauch und Wein zufügen. Etwa 2 Minuten sprudelnd kochen lassen und mit Salz und Pfeffer abschmecken.

Mitte der Fischpäckchen jeweils mit 1 Zucchinistreifen umwickeln. Päckchen mit in die Pfanne setzen und alles zugedeckt 7 bis 10 Minuten köcheln lassen, bis der Fisch gar ist. Fischpäckchen auf den Zucchiniraspeln anrichten und servieren.

MARINIERTER THUNFISCH

TEGLIA DI TONNO

Frisch zubereitet, ist dieser Thunfisch einfach ein Gedicht! Statt in der Pfanne wird der Fisch häufig auch auf dem Grill gegart und mit Zitronensaft und Kapern serviert.

6 Thunfischsteaks (à ca. 175 g)
Salz
frisch gemahlener Pfeffer
250 ml trockener Weißwein
1 Zweig Rosmarin, Blättchen abgezupft und fein gehackt
4 Knoblauchzehen, fein gehackt
1 Handvoll Minze, fein gehackt
100 g feine Semmelbrösel
3 EL Kapern, fein gehackt
4 EL Olivenöl
Saft von 1 Zitrone

Für 6 Personen

Thunfischsteaks in eine Schüssel geben und mit Salz und Pfeffer würzen. Wein, Rosmarin, Knoblauch und Minze zugeben. Fisch in der Mischung wenden und mindestens 1 Stunde marinieren lassen.

Semmelbrösel und Kapern in einer kleinen Schüssel mischen. Fisch in ein Sieb abgießen und Marinade auffangen.

Etwas Öl in einer großen Pfanne bei mittlerer Hitze erwärmen. Fisch mit der Semmelbröselmischung bestreuen und in zwei bis drei Portionen in insgesamt etwa 8 Minuten auf beiden Seiten fast durchbraten. Dabei immer wieder mit etwas Marinade begießen.

Restliches Öl und Zitronensaft in einer kleinen Schüssel verrühren, Mischung über den Fisch geben und diesen noch einige Minuten fertig garen. Herausnehmen und sofort servieren.

JAKOBSMUSCHELN MIT ZITRONE, LORBEER UND ROSMARINÖL

CAPESANTE CON LIMONE, ALLORO E OLIO DI ROSMARINO

Dieses Gericht gelingt so leicht, dass es dafür kaum eine Anleitung braucht. Es stammt aus der Region um Neapel, wo es einige der besten Rezepte für Fisch und Meeresfrüchte gibt. Rosmarin – dessen Zweige hier als Spieße dienen – wächst in ganz Italien und verfeinert viele Fischgerichte.

4 dicke Rosmarinzweige
2 unbehandelte Zitronen
12 große Jakobsmuscheln, Rogen entfernt (er kann eingefroren und für Brühen verwendet werden)
12 frische Lorbeerblätter
1½ EL Olivenöl
Salz
frisch gemahlener Pfeffer

Für 4 Personen

Backofen auf 200 °C (Umluft: 180 °C) vorheizen. Rosmarin waschen, trocken schütteln, Blättchen abzupfen und beiseitestellen. Zitronen heiß abwaschen und trocken tupfen. Saft auspressen, Zitronen schälen und Schale in 12 Stücke schneiden.

Abwechselnd je 3 Jakobsmuscheln, 3 Stücke Zitronenschale und 3 Lorbeerblätter auf die Rosmarinzweige spießen.

Rosmarinblättchen in einem Mörser fein zerstoßen, mit Öl und Zitronensaft mischen und Spieße darin etwa 20 Minuten marinieren lassen.

Spieße in eine Auflaufform legen und kräftig salzen und pfeffern. Im vorgeheizten Backofen etwa 8 Minuten garen, bis die Muscheln außen goldbraun und innen noch leicht glasig sind. Herausnehmen und servieren.

GEGRILLTER FISCH MIT MINZSAUCE

PESCE ALLA GRIGLIA CON SABA DE MENTA

Neben einigen anderen Kräutern gedeiht auch Minze hervorragend an der Amalfiküste und bereichert viele Fisch- und Gemüsegerichte. Auch in meinem Garten hat sie daher ihren festen Platz.

MINZSAUCE
185 ml Olivenöl
1 Knoblauchzehe, fein gehackt
2 EL Weißweinessig
3 EL Zitronensaft
Salz
1 große Handvoll Minze, fein gehackt

FISCH
1 küchenfertiger Wolfsbarsch oder Red Snapper
Salz
1 Knoblauchzehe, fein gehackt
1 EL Petersilie, fein gehackt
1 EL Minze, fein gehackt
3 EL Olivenöl
2 TL Mehl

Für 4 Personen

Für die Minzsauce Öl, Knoblauch, Essig, Zitronensaft und etwas Salz mithilfe eines Schneebesens verrühren, Minze unterrühren und Sauce etwa 1 Stunde ruhen lassen, damit sich die Aromen gut vermischen. Grill oder Backofengrill vorheizen.

Fisch kalt abspülen, trocken tupfen und Bauchhöhle salzen. Knoblauch, Petersilie, Minze und Öl in einer kleinen Schüssel verrühren und Fisch mit der Mischung einreiben. Rundum salzen und mit etwas Mehl bestäuben.

Fisch 8 bis 10 Minuten auf den vorgeheizten Grill oder unter dem Backofengrill grillen, vorsichtig mithilfe eines Pfannenwenders wenden, nochmals mit Salz und Mehl bestäuben und weitere 8 bis 10 Minuten grillen. Für den Gartest mit einem kleinen Messer in die fleischigste Stelle einstechen: Ist das Fleisch nicht mehr glasig und lässt es sich leicht von den Gräten lösen, ist der Fisch gar.

Fisch auf einen großen Servierteller setzen und mit der Minzsauce servieren.

BABYOKTOPUS MIT KARTOFFELN

POLIPETTI E PATATE

Da mein Vater professionell Kartoffeln anbaute, waren sie schon immer ein fester Bestandteil unseres Speiseplans. Auch heute noch esse ich sie sehr gern und dieses Rezept eignet sich hervorragend, wenn man Lust auf etwas Leichtes und gleichzeitig Sättigendes hat.

3 frische Lorbeerblätter
1 TL Pfefferkörner und etwas frisch gemahlener Pfeffer
850 g küchenfertige Babyoktopoden (siehe Anmerkung)
3 EL Olivenöl
500 g Frühkartoffeln, geschält und in mundgerechte Stücke geschnitten
Salz
1 Stange Staudensellerie, in dünne Scheiben geschnitten
abgeriebene Schale und Saft von 1 unbehandelten Zitrone
1 Handvoll Petersilie, fein gehackt

Für 4–6 Personen

Ausreichend Wasser in einem großen Topf zum Kochen bringen, Lorbeerblätter, Pfefferkörner und Oktopoden hineingeben und alles zugedeckt etwa 15 Minuten (je nach Größe der Oktopoden) kochen lassen, bis das Fleisch zart ist und rosig schimmert. In ein Sieb abgießen und abtropfen lassen.

1 Esslöffel Olivenöl in einer großen Pfanne erhitzen und Oktopoden darin 3 bis 5 Minuten anbraten, bis die Haut Blasen wirft. Herausnehmen und beiseitestellen.

Kartoffeln in einem großen Topf mit ausreichend Salzwasser weich kochen (für die Garprobe mit einem Messer einstechen). In ein Sieb abgießen und abtropfen lassen. Kartoffeln und Oktopoden auf einem Servierteller anrichten. Sellerie und Zitronenabrieb darübergeben, mit restlichem Öl sowie Zitronensaft beträufeln und mit Salz und Pfeffer würzen. Mit Petersilie bestreut servieren.

ANMERKUNG: *Wenn Sie den Oktopus selbst vorbereiten möchten, entfernen Sie jeweils das harte Kauwerkzeug, die Augen, das innere Knorpelgewebe und die Innereien, einschließlich des Kopfes. Danach unter fließend kaltem Wasser abspülen und trocken tupfen. (Meist bitte ich meinen Fischhändler, dies zu erledigen.)*

NONNA FERRIGNOS HÄHNCHENEINTOPF

POLLO ALLA CACCIATORE

Dieser sättigende Eintopf kommt bei mir häufig auf den Tisch - nicht nur, weil er köstlich schmeckt, sondern auch, weil er sich so leicht zubereiten lässt. Als unkompliziertes One-Pot-Gericht eignet er sich zudem hervorragend bei Zeitmangel. Im Lauf der Jahre habe ich mit unterschiedlichen Zutaten experimentiert, darunter Räucherspeck, Speckstreifen und Pancetta (Schweinebauchspeck), die allesamt eine gute Ergänzung bilden.

2 EL Mehl
Salz
frisch gemahlener Pfeffer
8 Hähnchenschenkel (je nach Geschmack mit oder ohne Knochen und Haut)
3 EL Olivenöl
2 Stangen Staudensellerie, fein gehackt
1 Karotte, grob gewürfelt
1 rote Zwiebel, fein gewürfelt
150 g Champignons, grob gehackt
1 Knoblauchzehe, fein zerdrückt
3 EL Weißweinessig
2 Rosmarinzweige, Blättchen abgezupft und fein gehackt
1 TL frischer Oregano
3 frische oder 2 getrocknete Lorbeerblätter
90 ml italienische Passata (passierte Tomaten)
6 Kartoffeln, geschält und geviertelt
1 Handvoll Petersilie, fein gehackt

Für 8 Personen

Mehl in einen tiefen Teller geben und mit Salz und Pfeffer würzen. Hähnchenschenkel in der Mehlmischung wenden, bis sie gleichmäßig damit bedeckt sind.

Etwas Öl in einem Bräter bei mittlerer Hitze erwärmen, Hähnchenschenkel darin in 8 bis 10 Minuten rundum braun braten und herausnehmen.

Bei Bedarf noch etwas Öl in den Bräter geben und Sellerie, Karotte, Zwiebel, Champignons und Knoblauch darin in etwa 5 Minuten hellbraun braten. Hähnchenschenkel zugeben, Essig, Kräuter, Passata, Kartoffeln sowie 500 Milliliter kaltes Wasser zufügen und kräftig mit Salz und Pfeffer würzen.

Eintopf zugedeckt etwa 45 Minuten sanft köcheln lassen. Dabei nach Bedarf noch etwas Wasser zugießen und regelmäßig umrühren, damit nichts anbrennt.

Eintopf auf Suppenteller verteilen, mit Petersilie garnieren und servieren. Dazu etwas etwas Focaccia oder Krustenbrot reichen, um die Sauce aufzutunken (*fare la scarpetta*).

HÄHNCHENROULADEN

INVOLTINI DI POLLO

Die sowohl in Süd- als auch in Norditalien am häufigsten verzehrte Fleischsorte ist Kalbfleisch, das traditionell auch für Involtini verwendet wird. Diese leckere Variante mit Hähnchenfleisch geht auf ein altes Familienrezept zurück und ihr Duft erinnert mich stets an meinen Heimatort Minori.

FÜLLUNG
120 g Kalbshackfleisch
2 Eier, leicht verquirlt
1 Knoblauchzehe, fein gehackt
1 Handvoll Petersilie, fein gehackt
45 g frisch geriebener Parmesan
25 g Semmelbrösel
Salz
frisch gemahlener Pfeffer

ROULADEN
60 g Mozzarella
45 g Prosciutto, in Scheiben geschnitten
6 Hähnchenbrüste (ohne Haut und Knochen), halbiert und plattiert
80 ml Olivenöl
etwas Mehl zum Bestäuben
250 ml trockener Weißwein
250 ml Hühnerbrühe
Salz
frisch gemahlener Pfeffer

Für 6 Personen

Für die Füllung Hackfleisch, Eier, Knoblauch, Petersilie, Parmesan und Semmelbrösel in eine Schüssel geben. Salzen und pfeffern und alles gründlich vermengen.

Mozzarella und Prosciutto jeweils in zwölf gleich große Stücke schneiden. Hähnchenbrüste auf ein großes Schneidebrett legen. Hackfleischmischung jeweils in die Mitte setzen und je zwei Stücke Mozzarella und Prosciutto daraufgeben. Hähnchenbrüste aufrollen, Enden nach innen einschlagen und mit Zahnstochern fixieren.

Öl in einer großen Pfanne bei mittlerer Hitze erwärmen. Rouladen leicht in Mehl wenden, portionsweise im heißen Öl rundum braun braten und herausnehmen.

Weißwein in die Pfanne gießen, zum Kochen bringen und sprudelnd kochen lassen, bis er um die Hälfte reduziert ist. Rouladen wieder in die Pfanne geben und Brühe zugießen. Zugedeckt etwa 30 Minuten köcheln lassen und mit Salz und Pfeffer würzen.

Rouladen auf einem Servierteller anrichten und Zahnstocher entfernen. Sauce je nach gewünschter Konsistenz noch etwas einköcheln lassen, darübergeben und Rouladen servieren.

HACKBÄLLCHEN MIT KALBS- UND SCHWEINEFLEISCH

POLPETTE ALLA FERRIGNO

Hackbällchen sind ein echtes Familiengericht und haben für mich fast schon etwas Feierliches - vielleicht, weil die Zubereitung etwas Zeit in Anspruch nimmt. Greifen Sie dabei stets zu hochwertigem Fleisch. Herkömmliches Hackfleisch eignet sich nicht, da es zu grob und fett ist, sodass die Hackbällchen auseinanderfallen würden. Bitten Sie stattdessen Ihren Metzger, das Fleisch möglichst fein durchzudrehen, damit die Hackbällchen quasi auf der Zunge zergehen.

HACKBÄLLCHEN

500 g Kalbshackfleisch
500 g Schweinehackfleisch
2 große Eier
1 Handvoll Petersilie, fein gehackt
125 g frisch geriebener Parmesan
2 Scheiben altbackenes Brot, in Milch eingelegt und ausgedrückt
125 g Pancetta (italienischer Schweinespeck), fein gewürfelt
Salz
frisch gemahlener Pfeffer
2-3 EL Olivenöl zum Braten

SAUCE

1 Zwiebel, fein gehackt
2-3 EL Tomatenmark
½ TL Zucker
200 ml Wasser
Salz
frisch gemahlener Pfeffer

Für 8 Personen

Zutaten für die Hackbällchen in einer großen Schüssel mischen, zu 24 gleich großen Kugeln formen und etwas flach drücken, sodass etwa 1 Zentimeter dicke ovale Bällchen entstehen.

Olivenöl in einer großen Pfanne erhitzen, Hackbällchen darin in etwa 6 Minuten rundum braun braten und in einen Bräter geben.

Für die Sauce Zwiebel, Tomatenmark, Zucker und Wasser in die Pfanne geben, 5 bis 10 Minuten unter Rühren köcheln lassen und mit Salz und Pfeffer abschmecken.

Sauce über die Hackbällchen gießen und so viel Wasser zufügen, dass die Bällchen fast bedeckt sind. Hackbällchen zugedeckt bei geringer Hitze etwa 1 Stunde unter gelegentlichem Rühren köcheln lassen, bis die Sauce eingedickt ist. Vom Herd nehmen und servieren.

KALBSSCHNITZEL MIT KAPERNSAUCE

SCALOPPINE AI CAPPERI

Leicht verdaulich und schnell gemacht, ist es kein Wunder, dass diese Kalbsschnitzel an der Amalfiküste so beliebt sind. Wenn mein Vater nach Hause kam und sagte *»Andiamo a mangiare«* (»Lasst uns essen gehen«), waren sie meist das Gericht unserer Wahl. Da sich die Haltungsbedingungen von Kälbern zudem stark verbessert haben, kann man inzwischen guten Gewissens zugreifen.

etwas Mehl zum Wenden
12 dünne Kalbsschnitzel
8 EL Butter
1 EL Olivenöl
3 EL Kapern, abgespült und abgetropft
1 große Handvoll Petersilie, fein gehackt, und etwas grob gehackte Petersilie zum Garnieren
Salz, frisch gemahlener Pfeffer
3 EL Fleischbrühe
1 EL Weißweinessig

Für 6 Personen

Mehl in einen tiefen Teller geben und Schnitzel darin wenden. Butter und Öl in einer großen Pfanne bei mittlerer Hitze erwärmen, bis die Mischung zu schäumen beginnt. Schnitzel darin auf jeder Seite in etwa 6 Minuten goldbraun braten, mithilfe eines Schaumlöffels herausnehmen und warm halten.

Temperatur erhöhen und Kapern, Petersilie sowie etwas Salz und Pfeffer in die Pfanne geben. Unter Rühren etwa 5 Minuten köcheln lassen. Brühe und Essig zugießen und alles noch etwa 5 Minuten köcheln lassen.

Schnitzel wieder in die Pfanne geben und wenden, sodass sie auf beiden Seiten mit der Sauce benetzt sind. Schnitzel und Sauce auf Tellern anrichten und mit Petersilie garniert servieren.

KALBSHACKSTEAKS

POLPETTONE DI VITELLO

Dieses Rezept, das ich je nach Lust und Laune variiere, widme ich meiner Schwester Gina, die ein großer Fan dieser Hacksteaks ist.

450 g Kalbshackfleisch
1 Knoblauchzehe, fein zerdrückt
1 Handvoll Petersilie, fein gehackt
1 EL Tomatenmark
1 großes Ei, verquirlt
Salz
frisch gemahlener Pfeffer
4 Scheiben Brot, entrindet
75 ml Weißwein
1 Handvoll Semmelbrösel
2 EL Olivenöl

Für 6 Personen

Hackfleisch, Knoblauch, Petersilie, Tomatenmark und Ei sowie etwas Salz und Pfeffer in einer großen Schüssel vermischen.

Brot in eine weitere Schüssel geben, gleichmäßig mit Wein begießen und einige Minuten einweichen lassen. Brot ausdrücken und mit der Hackmischung vermengen.

Hackmasse zu sechs flachen Steaks formen und in den Semmelbröseln wenden.

Öl in einer großen Pfanne erhitzen und Steaks darin auf beiden Seiten braun braten. Zugedeckt noch etwa 7 Minuten garen, herausnehmen und servieren.

Abbildung siehe Seite 2

LAMMROULADEN AM SPIESS

BRACIOLETTINE

Für dieses Gericht habe ich ein Rezept meiner Großmutter abgewandelt. Mit hochwertigen Zutaten und einer einfachen Zubereitung ist es ein gutes Beispiel für die Art, wie Fleisch – ob zu Hause oder in der Trattoria – in Italien serviert wird.

FÜLLUNG

60 ml Olivenöl
1 Zwiebel, fein gehackt
100 g Pecorino, gewürfelt
100 g Pancetta (italienischer Schweinespeck), gewürfelt
55 g Brot, gewürfelt
1 Handvoll Petersilie, fein gehackt
1 großes Ei, verquirlt
Salz
frisch gemahlener Pfeffer

ROULADEN

900 g Lammoberschale, in 5 mm dicke Scheiben geschnitten
3 EL Olivenöl und etwas Öl für das Blech
Salz
18 frische Lorbeerblätter
2 Zwiebeln, in 18 dünne Spalten geschnitten
1 Handvoll feine Semmelbrösel
frisch gemahlener Pfeffer

Für 6 Personen

Für die Füllung Olivenöl in einem Topf bei mittlerer Hitze erwärmen und Zwiebel darin in 5 bis 8 Minuten goldbraun braten. Vom Herd nehmen und abkühlen lassen. Pecorino, Pancetta, Brot, Petersilie und Ei zugeben und gründlich unterrühren. Mit Salz und Pfeffer würzen und beiseitestellen.

Für die Rouladen Lammfleisch flach klopfen und in 8 Zentimeter große Quadrate schneiden. Je 1 Esslöffel Füllung an einem Ende daraufgeben, Fleischende über die Füllung legen, Seiten nach innen einschlagen und Fleisch zu einer etwa 4 Zentimeter dicken und 8 Zentimeter langen Roulade aufrollen. Restliche Rouladen ebenso vorbereiten.

Backofen auf 200 °C (Umluft: 180 °C) vorheizen. Backblech mit Öl einfetten und mit etwas Salz bestreuen. Rouladen, Lorbeerblätter und Zwiebelspalten abwechselnd auf je zwei Metallspieße stecken, bis sechs Doppelspieße mit je drei Rouladen, Lorbeerblättern und Zwiebelspalten entstanden sind.

Olivenöl und Semmelbrösel jeweils auf flache Teller geben und Spieße erst im Öl, dann in den Semmelbröseln wenden. Spieße in einen Bräter legen und im vorgeheizten Backofen in etwa 20 Minuten goldbraun braten, dabei nach der Hälfte der Garzeit wenden. Vorsichtig herausnehmen und servieren.

GEMÜSEBEILAGEN & EINGEMACHTES

CONTORNI E CONSERVE

SCHMACKHAFTE BEGLEITER

Ein Großteil der landwirtschaftlichen Fläche Italiens dient dem Gemüseanbau. Entsprechend groß sind der Gemüseanteil an der Ernährung sowie das Repertoire an dazugehörigen Rezepten. Vor allem Süditaliener sind große Gemüseliebhaber und Neapolitaner galten einst sogar als *mangiafoglie* (»Blätterfresser«), bevor sie für den Genuss von Makkaroni bekannt wurden (siehe S. 54).

Gemüse hat in Italien eine so große Bedeutung, dass es als *contorno* (Beilage) zu den festen Bestandteilen einer Menüfolge gehört. Wie ein »Umriss« (so die wörtliche Übersetzung) bilden die Beilagen zusammen mit anderen Menübestandteilen den Rahmen einer typisch italienischen Mahlzeit: Antipasti regen den Appetit an, Nudelgerichte liefern die nötigen Kohlenhydrate, Fleisch oder Fisch den Eiweißanteil und die ballaststoffreiche Beilage unterstützt die Verdauung.

Kampanien gehört zu den wichtigsten Kornkammern Italiens. Die nährstoffreichen Vulkanböden in der Umgebung des Vesuvs, reichlich Sonnenschein und gelegentliche Niederschläge schaffen die besten Voraussetzungen für den Anbau von schmackhaftem Obst und Gemüse. Die bekanntesten Gemüsesorten der Region sind Tomaten, Auberginen, Zucchini, Spargel, Brokkoli, Blumenkohl, Paprika und Peperoncini. Dank der vielen Sonnenstunden fruchten viele davon sogar zweimal im Jahr.

Auberginen tauchen auf Speisekarten in zahlreichen Varianten auf. Ein Beispiel ist der Auberginenauflauf *parmigiana di melanzane*. Zwar beanspruchen die Sizilianer seine Erfindung für sich, die Kombination aus Auberginen, Tomaten und Mozzarella passt jedoch perfekt zur Küche der Amalfiküste. Darüber hinaus werden Auberginen gefüllt und gebacken oder gedünstet für Pastasaucen verwendet. Auch Zucchini werden auf verschiedenste Arten verarbeitet. Zu meinen Lieblingsvarianten zählen *zucchini alla scapece*, für die das Gemüse in dünne Scheiben geschnitten, in der Sonne oder im Ofen getrocknet, braun gebraten und in Öl, Essig, Knoblauch und Minze mariniert wird. Zucchiniblüten hingegen verwendet man als Pizzagarnitur oder man füllt sie z. B. mit Ricotta und frittiert sie. Eine

weitere Spezialität der Amalfiküste ist *fritto misto* – kleine Gemüsestücke, die ähnlich wie Fisch in einem Teigmantel frittiert werden. Auch Wildpilze stehen im Herbst bisweilen auf der Speisekarte.

Wichtige Geschmackszutaten sind die an der Küste angebauten Kräuter. Viele wachsen dort auch wild. So etwa Fenchel, der viele Straßen und Felder säumt und von dem man sowohl die Blätter als auch die Samen verwendet (z. B. für würzige Würste). Weitverbreitet ist im Süden auch Basilikum, der in Töpfen die Balkone schmückt und mit seinem aromatischen Duft die Luft erfüllt. Und auch die aus Nordafrika eingeführte Minze ist heute ein typisches Gewürz der Amalfiküste, das viele Fisch-, Zucchini- und Tomatengerichte bereichert.

In den vergangenen Jahrhunderten spielte Kampanien bei der Verbreitung verschiedener Gemüsesorten eine wichtige Rolle. Viele davon wurden per Schiff aus dem Osten oder der Neuen Welt importiert und gelangten über die Hafenstadt Neapel nach Italien. Ursprünglich aus Amerika stammend, wurden beispielsweise Tomaten, Auberginen und Paprikaschoten nach anfänglichem Misstrauen schon bald ein fester Bestandteil der italienischen Landwirtschaft und Küche. Wie die typisch kampanische San-Marzano-Tomate, eine späte Züchtung der aus Amerika importierten Tomate, wurden auch andere bekannte Gemüsesorten zuerst in Italien angebaut und weitergezüchtet, darunter Brokkoli, Fenchel, Sellerie, Erbsen und Artischocken.

Neben dem bereits erwähnten *alla scapece* haben auch viele weitere Arten der Gemüsezubereitung und -konservierung ihren Ursprung in Kampanien – etwa *sott'olio* (in Öl), *sott'aceto* (in Essig) und *agrodolce* (süßsauer eingelegt). Einmachen ist in Italien weitverbreitet. Schließlich lässt sich der Ernteüberschuss auf diese Weise auch später im Jahr noch genießen, wenn das entsprechende Gemüse nicht mehr frisch erhältlich ist. Die Saison hierfür beginnt an der Amalfiküste im Frühjahr und setzt sich das ganze Jahr über fort. Auch der lokale Klatsch und Tratsch dreht sich oft darum, wessen eingelegte Auberginen am besten schmecken oder wer die saftigsten getrockneten Tomaten hat.

Etwas seltener als Zitronen (siehe S. 7) werden Olivenbäume an der Amalfiküste angebaut. Auch wir hatten in Minori einige davon, die uns je fünf Kilogramm Oliven einen Liter Öl lieferten. Noch heute ist es ein kostbares Gut und zählt zu meinen Lieblingszutaten. Das kaltgepresste Öl (*extra vergine*) verwenden wir im Einklang mit der Natur: Genießen wir es z. B. kurz nach der Ernte im November, kommt uns seine gesunde Schärfe zugute. Ist das Öl im Sommer milder geworden, eignet es sich gut für leichte Speisen wie Gemüse und Salate, ohne die sommerlichen Aromen zu beeinträchtigen.

Zum Schluss noch ein kleiner Tipp: Lassen Sie ein Schälchen mit gutem Olivenöl im Kühlschrank fest werden und verwenden Sie es als leckeren Brotaufstrich.

BROTSALAT MIT TOMATEN UND MOZZARELLA

CAPONATA DI NAPOLI

Ich liebe Sauerteigbrot und backe jede Woche einen Laib. Es hat zwar ein wenig gedauert, bis ich das Brotbacken perfektioniert habe, doch das Experimentieren hat mir viel Spaß gemacht. Mit dem Ergebnis bin ich nun sehr zufrieden und finde, dass sich die Mühe gelohnt hat. Dieses Rezept ist ein gutes Beispiel für italienische Sparsamkeit: Ich verwende hierfür Sauerteig- oder Landbrot vom Vortag, sodass kein einziger Krümel verschwendet wird. Wichtig sind hochwertige Zutaten wie sonnengereifte Tomaten, extra natives Olivenöl und möglichst frischer Büffelmozzarella.

250 g Sauerteigbrot oder Landbrot (vom Vortag)
4–6 reife, saftige Tomaten, entkernt und gewürfelt
250 g Büffelmozzarella, klein geschnitten
1 TL getrockneter Oregano
abgeriebene Schale und Saft von ½ unbehandelten Zitrone
Salz
frisch gemahlener Pfeffer
100 ml Olivenöl
1 große Handvoll Basilikumblättchen, grob gehackt

Für 4–6 Personen

Brot in mundgerechte Stücke schneiden und in eine große Schüssel geben. Tomaten, Mozzarella, Oregano sowie Zitronenabrieb und -saft zugeben und alles mit Salz und Pfeffer würzen. Großzügig mit Olivenöl beträufeln, Zutaten vorsichtig mischen und Brotsalat mit Basilikum garniert servieren.

BOHNEN-SALAT MIT MINZE

INSALATA DI FAGIOLINI ROMANI

Schon mehrfach in diesem Buch habe ich erwähnt, wie sehr ich Gemüse liebe. Für dieses einfache Rezept können Sie jede Art von Bohnen verwenden. Am besten schmeckt es jedoch, wenn sie aus eigenem Anbau stammen.

5 EL Olivenöl
2 ½ EL Rotweinessig
1 Knoblauchzehe, zerdrückt
Salz, frisch gemahlener Pfeffer
600 g grüne Bohnen (z. B. Romano-, Stangen- oder Schnittbohnen), geputzt
2 Handvoll Minze, grob gehackt, und einige Minzeblättchen zum Garnieren
abgeriebene Schale von 1 unbehandelten Zitrone

Für 6 Personen

Für das Dressing Öl, Essig, Knoblauch sowie etwas Salz und Pfeffer in einer kleinen Schüssel verquirlen und mindestens 1 Stunde ruhen lassen.

Bohnen in einem Topf mit ausreichend kochendem Salzwasser garen, bis sie gerade eben weich sind. In ein Sieb abgießen, kalt abschrecken, abtropfen lassen und in eine Servierschüssel geben. Minze und Zitronenabrieb unterheben und Dressing gründlich untermischen. Mit Minzeblättchen garniert servieren.

RUCOLA-FENCHEL-SALAT MIT RADICCHIO

INSALATA DI RUCOLA, FINOCCHI E LIMONE CON RADICCHIO

Die in diesem Rezept verwendeten Zitronen machen den Salat besonders lecker. Im Süden Italiens wachsen sie in Hülle und Fülle, und sie sind so mild, dass man sie einfach so essen kann. Zitronen sind nicht nur gesund, sondern lassen sich auch vielseitig verwenden, sodass sie viele Gerichte aufpeppen. Auch Radicchio mag ich sehr gern, vor allem, weil mein Vater ihn früher aus der Gegend von Verona importierte.

½ Radicchio, grob zerpflückt
2 große Zitronen, geschält und in Scheiben geschnitten
1 Fenchelknolle, in dünne Stifte geschnitten
1 große Handvoll Rucola, grob zerkleinert
2 EL Olivenöl
2 EL frisch geriebener Parmesan
einige Tropfen Balsamico
Salz
frisch gemahlener Pfeffer

Für 4 Personen

Radicchio auf vier Tellern verteilen und Zitronenscheiben, Fenchel und Rucola jeweils zugeben.

Für das Dressing Öl, Parmesan, Balsamico sowie etwas Salz und Pfeffer in einer kleinen Schüssel oder einem Mixbecher verquirlen, Dressing über den Salat geben und sofort servieren.

SOMMERLICHER GEMÜSEEINTOPF

CIAMBOTTA

Dieser leckere Sommereintopf ist unter anderem auch unter dem Namen *cianfotta* bekannt. Diese Variante ist ein Rezept meiner Großmutter. Sie können die Gemüsesorten jedoch nach Belieben variieren – je nachdem, was gerade in Ihrem Garten wächst oder frisch erhältlich ist. Dazu reichen Sie am besten etwas Brot zum Auftunken.

2 kleine Auberginen, gewürfelt
Salz
3–4 EL Olivenöl und 2 EL Öl zum Beträufeln
1 rote Zwiebel, grob gehackt
2 TL Fenchelsamen, fein zerstoßen
2 große Knoblauchzehen, zerdrückt
2 (italienische) Frühkartoffeln, geschält und gewürfelt
1 Zucchini, gewürfelt
2 rote Paprikaschoten, gewürfelt
400 g Eiertomaten (aus der Dose) oder frische Tomaten, entkernt und klein geschnitten
frisch gemahlener Pfeffer
1 Handvoll Petersilie, fein gehackt

Ergibt 6 große Portionen

Auberginenwürfel mit Salz bestreuen, in ein Sieb geben, mit einem Gewicht beschweren und etwa 15 Minuten ruhen lassen.

Öl in einem mittelgroßen Topf erhitzen. Zwiebel darin in 5 bis 10 Minuten goldbraun braten und Fenchelsamen zugeben.

Auberginenwürfel kalt abspülen und mit Küchenpapier trocken tupfen. Zur Zwiebelmischung geben und unter Rühren leicht anbraten. Sobald sie zu bräunen beginnen, restliche Zutaten zugeben und 25 bis 30 Minuten unter gelegentlichem Rühren sanft köcheln lassen, bis das Gemüse weich ist.

Mit Salz und Pfeffer abschmecken, mit Petersilie bestreuen, mit Olivenöl beträufeln und noch heiß servieren.

BLUMENKOHL À LA AMALFI

CAVOLFIORE DI AMALFI

Blumenkohl wird in Italien meist im Winter verzehrt und diese Art der Zubereitung ist so köstlich, dass Sie ihn nie wieder anders genießen möchten! Mein Mann z. B. hält es für das beste Blumenkohlrezept aller Zeiten. Die Lorbeerblätter verleihen dem Gemüse einen besonderen Touch und neutralisieren den typischen Kohlgeruch (dieser Tipp gilt übrigens für alle Kohlarten).

1 Blumenkohl, in Röschen geteilt
3 frische Lorbeerblätter, grob gehackt
Salz
2 große Eier
4 EL frisch geriebener Parmesan und etwas gehobelter Parmesan zum Garnieren
frisch gemahlener Pfeffer
2–3 EL Mehl
3–4 EL Olivenöl zum Braten (je nach Größe des Blumenkohls)
einige Petersilienblättchen zum Garnieren

Für 6 Personen

Blumenkohl und Lorbeerblätter in einem Topf mit ausreichend Salzwasser etwa 6 Minuten sprudelnd kochen lassen. In ein Sieb abgießen und Blumenkohl rasch mit eiskaltem Wasser abschrecken. Abtropfen lassen, gut trocken tupfen und Lorbeerblätter entfernen. Blumenkohl abkühlen lassen.

Eier, Parmesan sowie reichlich Salz und Pfeffer in einem tiefen Teller verquirlen und Mehl in einen weiteren tiefen Teller geben. Blumenkohlröschen nacheinander erst im Mehl, dann in der Eiermischung wenden.

Öl in einer mittelgroßen Pfanne erhitzen und Blumenkohlröschen darin portionsweise rundum goldbraun frittieren. Mithilfe eines Schaumlöffels herausnehmen, auf einem Servierteller anrichten und mit Petersilie und gehobeltem Parmesan garniert servieren.

AUBERGINEN-ZWIEBEL-SALAT

INSALATA DI MELANZANE E CIPOLLE

Mit diesem schmackhaften Salat verbinde ich glückliche Kindheitserinnerungen an die Küche meiner Großmutter. Dank sonnenverwöhnter Zutaten steckt er voller herrlicher Aromen.

1 feste Aubergine
Salz
200 g Frühkartoffeln, geschält und in Scheiben geschnitten
2 rote Zwiebeln, fein gehackt
1 Handvoll Minze, grob gehackt
1 Handvoll Oregano, fein gehackt
1½–2 EL Weißweinessig
3 EL Olivenöl
frisch gemahlener Pfeffer
etwas Brot zum Servieren

Für 6 Personen

Aubergine schälen und mindestens 15 Minuten in einem Topf mit ausreichend Salzwasser weich garen (für die Garprobe mit einem Messer einstechen). In ein Sieb abgießen und abkühlen lassen, in Streifen schneiden und auf einem Servierteller anrichten.

Kartoffeln in ausreichend Salzwasser weich garen (für die Garprobe mit einem Messer einstechen), in ein Sieb abgießen, abtropfen lassen und zu den Auberginenstreifen geben.

Zwiebeln, Kräuter, Essig und Öl darübergeben, alles mit Salz und Pfeffer würzen, gut vermischen und sofort servieren. Dazu einige Brotscheiben zum Auftunken des Dressings reichen.

AUBERGINEN-PARMESAN-AUFLAUF

PARMIGIANA DI MELANZANE

Dieser Auflauf zählt zu meinen absoluten Lieblingsgerichten und auch für meinen Vater musste ich ihn stets zubereiten, wenn er zu Besuch kam. Auf das Rezept bin ich besonders stolz, denn es ist ein fester Bestandteil unserer Familiengeschichte. Die Vorbereitung ist zwar etwas mühsam, doch der Aufwand lohnt sich! Es wird ziemlich viel gebraten – also öffnen Sie Türen und Fenster, legen Sie die passende Musik auf und genießen Sie die Zubereitung.

2 feste Auberginen, in dünne Scheiben geschnitten (siehe Anmerkung)
Salz
100 ml Olivenöl
1 Zwiebel, in Scheiben geschnitten
900 g reife Tomaten, entkernt und grob gehackt
2 Knoblauchzehen, fein zerdrückt
frisch gemahlener Pfeffer
2 EL Mehl
4–5 große Eier
6 EL frisch geriebener Parmesan
350 g Mozzarella, in Scheiben geschnitten
1 große Handvoll Basilikumblättchen, grob gehackt

Für 6 Personen

Auberginenscheiben mit Salz bestreuen, in ein Sieb geben, mit einem Gewicht beschweren und 25 bis 30 Minuten ruhen lassen.

2 Esslöffel Olivenöl in einem mittelgroßen Topf erhitzen und Zwiebel darin sanft weich braten. Tomaten, Knoblauch sowie etwas Salz und Pfeffer zufügen und alles unter gelegentlichem Rühren etwa 30 Minuten köcheln lassen, bis die Sauce gut eingedickt ist. Nochmals mit Pfeffer und Salz abschmecken.

Auberginenscheiben kalt abspülen, abtropfen lassen und mit Küchenpapier trocken tupfen. Mehl in einen tiefen Teller geben. Eier in einem weiteren tiefen Teller verquirlen, salzen und pfeffern und etwas Parmesan unterrühren (restlichen Parmesan zum Überbacken beiseitestellen).

Restliches Öl in einer großen Pfanne bei mittlerer Hitze erwärmen. Auberginenscheiben erst im Mehl, dann in der Eiermischung wenden und im heißen Öl portionsweise 2 bis 3 Minuten auf jeder Seite goldbraun frittieren. Mithilfe eines Schaumlöffels herausnehmen und auf Küchenpapier abtropfen lassen. Backofen auf 200 °C (Umluft: 180 °C) vorheizen.

Eine Schicht Auberginenscheiben in eine Springform (23 cm Durchmesser) oder tiefe Auflaufform (20 x 20 cm) legen und je ein Drittel der Sauce, des Mozzarellas und des Basilikums daraufgeben. Mit den restlichen Schichten ebenso verfahren, dabei jeweils gut andrücken, und mit Auberginenscheiben abschließen. Auflauf mit beiseitegestelltem Parmesan bestreuen und im vorgeheizten Backofen 20 bis 25 Minuten goldbraun backen. Herausnehmen und noch warm servieren.

ANMERKUNG: *Die Auberginenscheiben sollten möglichst dünn sein, damit sie schnell garen.*

ACKERBOHNENSALAT

INSALATA DI FAVE

Dieses Rezept wurde im berühmten Restaurant Dei Cappuccini des Hotels Convento di Amalfi erfunden und ist so gut, dass ich es noch nie abwandeln wollte. Ackerbohnen werden in Italien häufig sehr jung geerntet und, aus den Schoten gepalt, zu einem Glas Wein verzehrt. Auch in der Schote auf Eis habe ich sie schon serviert bekommen, was dem Begriff »superfrisch« eine ganz neue Bedeutung gab. Ich jedoch warte stets ungeduldig, bis die Bohnen in meinem Garten reif sind, um diesen Salat zuzubereiten.

1 Fenchelknolle
Saft und abgeriebene Schale von 1 unbehandelten Zitrone
1,5 kg frische, junge Ackerbohnen, gepalt
Salz
2 rote Zwiebeln, in sehr dünne Ringe geschnitten
1 große Handvoll Minze, grob gehackt
250 g weicher, salzarmer Schafs- oder Ziegenkäse
3 EL Olivenöl
frisch gemahlener Pfeffer

Für 6 Personen

Fenchel waschen, trocken tupfen und sehr fein hobeln. Einige Tropfen Zitronensaft in eine Schüssel mit Wasser träufeln und Fenchel hineingeben.

Ackerbohnen etwa 7 Minuten in einem Topf mit kochendem Salzwasser weich garen. In ein Sieb abgießen und rasch mit eiskaltem Wasser abschrecken, damit die Textur und Farbe erhalten bleibt. Bohnen abtropfen lassen und häuten.

Fenchel in ein Sieb abgießen. Bohnen, Fenchel, Zwiebelringe, Zwiebelringe, Minze und zerbröckelten Käse auf einem Servierteller anrichten. Olivenöl mit restlichem Zitronensaft und -abrieb sowie etwas Salz und Pfeffer verrühren, Dressing über den Salat geben und Salat sofort servieren.

RUCOLA-FEIGEN-SALAT

INSALATA DI RUCOLA E FICHI

Dass Rucola zur selben Pflanzenfamilie wie Senf und Kresse gehört, merkt man schnell, wenn man seine leicht bittere, pfeffrige Schärfe schmeckt. Früher wurde er oft auch außerhalb Italiens angebaut, geriet aber vielerorts in Vergessenheit, bis vor einigen Jahren italienische Importe den Trend wiederbelebten. Rucola gibt es in vielen Varianten. Ich z. B. mag besonders gern Wilde Rauke *(Rucola selvatica)*. Dazu passen reife Feigen, die dem Salat das gewisse Etwas verleihen.

225 g Rucola
200 g reife Feigen, geviertelt
1 EL Saft und abgeriebene Schale von 1 unbehandelten Zitrone
2–3 EL Olivenöl
Salz
frisch gemahlener Pfeffer
1 Handvoll gehobelter Parmesan nach Belieben

Für 6 Personen

Rucola gründlich putzen, waschen und trocken schleudern. In einer Servierschüssel mit den Feigen mischen.

Zitronensaft und -abrieb, Öl sowie etwas Salz und Pfeffer in einer kleinen Schüssel oder einem Mixbecher verquirlen. Dressing über den Salat geben und diesen nach Belieben mit gehobeltem Parmesan garniert servieren.

MARINIERTE ZUCCHINI

ZUCCHINI SCAPECE

Contorni vom Allerfeinsten! Dieses neapolitanische Gericht stammt vermutlich aus der spanischen Besatzungszeit, und wer es einmal probiert hat, wird schnell Lust bekommen, in Zukunft die doppelte Menge zu machen. Zwar handelt es sich dabei um ein recht einfaches Gericht, damit es gut gelingt, sollten Sie sich jedoch genau ans Rezept halten. Auch Sardellen und andere Fische lassen sich auf diese Weise zubereiten. Statt die Zucchini im Backofen vorzubereiten, können Sie sie an heißen Sommertagen auch auf einem Tablett verteilt auf dem heißen Autodach oder auf einer sonnigen Terrasse trocknen, was mir schon öfter gelungen ist.

9 Zucchini, längs in dünne Scheiben geschnitten (siehe Anmerkung)
175 ml Olivenöl und 4–6 EL Öl für die Marinade
Salz
frisch gemahlener Pfeffer
1 große Handvoll Minzeblättchen
3 Knoblauchzehen, zerdrückt
4 EL Weißweinessig
etwas Brot zum Servieren

Für 6 Personen

Zucchinischeiben auf ein Holzbrett legen und an einem sehr sonnigen Ort unter regelmäßigem Wenden mindestens 3 Stunden trocknen lassen (das ist die traditionelle Methode meiner Großmutter). Alternativ auf einem mit Backpapier belegten Backblech im Backofen bei 140 °C (Umluft: 120 °C) etwa 1½ Stunden trocknen lassen, dabei gelegentlich wenden.

Öl in einer großen Pfanne erhitzen und Zucchinischeiben darin portionsweise in etwa 2 Minuten goldbraun braten. Mithilfe eines Schaumlöffels herausnehmen, auf Küchenpapier abtropfen und abkühlen lassen.

Zucchini auf einen tiefen Servierteller geben, nach Geschmack salzen und pfeffern und Minze, Knoblauch, Essig und Öl untermischen. Abgedeckt etwa 3 Stunden marinieren lassen und mit etwas Brot servieren, um die Marinade aufzutunken.

ANMERKUNGEN:

• *Verwenden Sie möglichst kleine Zucchini, da sie aromatischer und weniger bitter sind als große Exemplare.*

• *Zeit sparen können Sie, indem Sie die Zucchini in Scheiben hobeln, statt sie zu schneiden. Die Scheiben sollten dünn, aber nicht zu dünn sein, damit sie noch ein wenig Textur haben.*

FRITTIERTER FENCHEL

COTOLETTE DI FINOCCHI

In Backteig frittiertes Gemüse ist in ganz Italien beliebt. Vor allem im Piemont werden z. B. Fenchel, Artischocken, Sellerie und Mangoldstiele häufig auch mit Eiern und Semmelbröseln paniert und in Butter frittiert. Fenchel ist dabei mein persönlicher Favorit.

6 Fenchelknollen, in Spalten geschnitten
Salz
2 große Eier
frisch gemahlener Pfeffer
225 g feine Semmelbrösel
3 EL Butter
3 EL Olivenöl
etwas frisch geriebener Parmesan nach Belieben

Für 6 Personen

Fenchel in einem Topf mit kochendem Salzwasser etwa 10 Minuten garen. In ein Sieb abgießen, abtropfen lassen und mit Küchenpapier trocken tupfen.

Eier mit 1 Prise Salz und Pfeffer in einem tiefen Teller verquirlen. Semmelbrösel in einen weiteren tiefen Teller geben.

Fenchelspalten nacheinander erst in der Eiermischung, dann in den Semmelbröseln wenden. Dabei Letztere etwas festdrücken, damit sie gut haften bleiben.

Butter und Öl in einer großen Pfanne erhitzen und Fenchel darin frittieren, bis die Panade rundum schön braun ist. Mithilfe eines Schaumlöffels herausnehmen, auf Küchenpapier abtropfen lassen und nach Belieben mit etwas geriebenem Parmesan bestreut servieren.

GEGRILLTE PFIRSICHE MIT BURRATA UND BASILIKUM

PESCHE GRIGLIATE CON BURRATA E BASILICO

Dies ist eine wunderbare Art, Pfirsiche einmal anders zu genießen, statt sie einfach nur frisch zu verspeisen: Durch das Rösten unter dem Backofengrill wird die natürliche Süße der Früchte intensiviert.

3 reife Pfirsiche, halbiert und entsteint
Salz
frisch gemahlener Pfeffer
1 dünne Zucchini, fein geraspelt
1 Kugel Burrata (italienischer Frischkäse) oder Mozzarella
1 Handvoll Basilikum, Blättchen abgezupft
abgeriebene Schale von 1 unbehandelten Zitrone
etwas Olivenöl zum Beträufeln

Für 6 Personen

Backofengrill auf mittlerer Stufe vorheizen. Pfirsichhälften mit der Schnittfläche nach oben salzen und pfeffern und Zucchiniraspel darauf verteilen. Gefüllte Pfirsiche unter dem vorgeheizten Grill in etwa 4 Minuten goldbraun rösten.

Burrata oder Mozzarella in sechs Stücke schneiden. Gefüllte Pfirsiche herausnehmen, noch warm auf einem Servierteller anrichten und je 1 Stück Käse daraufgeben. Mit Basilikumblättchen und Zitronenabrieb garnieren und mit etwas Öl beträufelt servieren.

GETROCKNETE TOMATEN MIT OREGANO

POMODORI SECCHI CON ORIGANO

Die Tomatenernte an der Amalfiküste kann ganz schön mühsam sein, da die dünnhäutigen, saftigen Tomaten meist allesamt gleichzeitig reifen. Um sie zu konservieren, haben wir sie daher in vielen Reihen auf Holzgestellen getrocknet. Als Kind freute ich mich stets über den Vorratsschrank voller Einmachgläser mit scharlachroten Tomaten, die das ganze Jahr über zum Verzehr bereitstanden. Anstatt sie zu kaufen, können Sie die Tomaten auch selbst trocknen. Bestreuen Sie die frisch geernteten oder gekauften Früchte einfach mit Salz und legen Sie sie an einem warmen Sommertag in die Sonne. Getrocknete Tomaten eignen sich perfekt als Antipasti, sind ein hervorragender Belag für Panini und peppen auch Aufläufe wunderbar auf. Probieren Sie's einfach aus!

2 kg reife, saftige Eiertomaten
Salz
6 Knoblauchzehen, fein gehackt
4 TL Chiliflocken
1 große Handvoll Oreganoblättchen
250 g frisch geriebener Pecorino
etwas Olivenöl zum Aufgießen

Für 2 Einmachgläser

Backofen auf 160 °C (Umluft: 140 °C) vorheizen. Tomaten in einem großen Topf mit ausreichend Salzwasser einige Minuten kochen lassen, damit die Haut etwas weicher wird.

Tomaten in ein Sieb abgießen und mittig einschneiden, dabei darauf achten, dass Sie sie nicht ganz durchschneiden, sodass sie unten noch verbunden bleiben und sich wie ein Buch aufklappen lassen. Auf einem mit Backpapier belegten Backblech verteilen, mit reichlich Salz bestreuen und im vorgeheizten Backofen etwa 1½ Stunden backen (alternativ mindestens 2 Stunden in der Sonne trocknen lassen).

Knoblauch, Chiliflocken, Oregano und Pecorino in einer Schüssel verrühren.

Tomaten jeweils mit der Schnittfläche nach unten in die Würzmischung tunken, Hälften wie ein Sandwich zusammensetzen und nacheinander in zwei sterilisierte Einmachgläser (à 500 g) setzen. Mit Olivenöl bedecken, Gläser fest verschließen und an einem kühlen Ort lagern. Nach etwa 1 Woche sind die Tomaten verzehrfertig.

ANMERKUNG: *Passen Sie die Menge der Chiliflocken ganz nach Geschmack an. Mögen Sie die Tomaten lieber etwas milder, verwenden Sie einfach weniger als im Rezept angegeben.*

MARINIERTE AUBERGINEN

MELANZANE SOTT'OLIO

Im Herbst, wenn die Auberginen reif waren, verarbeitete sie meine Großmutter gern nach diesem einfachen Rezept. An unseren »Auberginen-Tag« erinnere ich mich gern zurück, denn dann wusste ich, dass wir schon bald darauf Auberginen-Sandwiches genießen konnten – marinierte, nach Olivenöl duftende Auberginenscheiben zwischen zwei Scheiben Landbrot. Bereiten Sie die Auberginen am besten mindestens zwei Tage vor dem Verzehr zu, damit sie ausreichend Zeit haben, um die Marinade vollständig aufzunehmen und ihr volles Aroma zu entwickeln.

Salz
2 Auberginen (900 g), geschält und quer in 2 cm dicke Scheiben geschnitten
2 EL Weißweinessig
8 EL Olivenöl
1 Handvoll Minze, fein gehackt
2 TL frische Oreganoblättchen
4 Knoblauchzehen, fein gehackt
frisch gemahlener Pfeffer

Für 4 Personen

2 Esslöffel Salz in einer großen Schüssel auflösen und Auberginenscheiben etwa 30 Minuten im Salzwasser einweichen.

600 Milliliter Wasser und Essig in einem großen Topf bei mittlerer Hitze zum Kochen bringen. Auberginen in ein Sieb abgießen, abtropfen lassen und im Essigwasser etwa 3 Minuten sprudelnd kochen lassen.

Auberginen portionsweise mithilfe eines Schaumlöffels herausnehmen und nebeneinander auf einige Stücke Küchenpapier legen. Mit Küchenpapier bedecken und etwas andrücken, um die Flüssigkeit aufzusaugen. Etwa 1 Stunde trocknen lassen.

Auberginenscheiben in eine große Schüssel geben. Öl, Kräuter, Knoblauch und Pfeffer in einer weiteren Schüssel oder einem Mixbecher zu einer Marinade verrühren und nach Geschmack etwas Salz unterrühren.

Marinade über die Auberginen gießen und bei Bedarf noch etwas Öl zufügen. Zugedeckt etwa 2 Tage ruhen lassen und genießen.

Pasticceria

DESSERTS & GETRÄNKE

DOLCI

DESSERTS & GETRÄNKE

Die italienische Vorliebe für Süßes hat ihren Ursprung vermutlich im Mittelalter, als venezianische Händler Rohrzucker aus dem Nahen Osten nach Italien brachten. Großen Einfluss hatten auch die einst über Sizilien herrschenden Araber. Sie führten Zitrusfrüchte, Feigen und Mandeln ein, die heute ebenfalls in vielen Desserts zu finden sind. Die vielleicht bedeutendste arabische Innovation war jedoch die Speiseeisherstellung, die die italienischen *gelati* (Eiscremes) hervorbrachte.

Meist beendet man in Italien eine Mahlzeit nicht mit einem aufwendigen Dessert, sondern mit Obst. Eine meiner einprägsamsten Erinnerungen ist beispielsweise, wie mein Vater mich als kleines Kind mit kleinen Obststücken fütterte und dabei seine selbst angebauten Pfirsiche und Aprikosen einem ersten Geschmackstest unterzog. Bisweilen reicht man Früchte wie Feigen, Pfirsiche, Aprikosen und Birnen auch gekocht (z. B. in *Vin Santo*, einem toskanischen Dessertwein) als Dessert oder man serviert eingemachte Früchte zu Eiscreme. Zu besonderen Anlässen werden Nachspeisen wie Pannacotta, Zabaglione und Tiramisu zubereitet, die es auch fertig zu kaufen gibt. Ein weniger bekannter Dessertklassiker ist die 1978 von einem sorrentinischen Konditor kreierte *delizia al limone* – sündige Törtchen aus einem mit Limoncello getränkten Biskuitboden und einer Kuppel aus Zitronencreme. An der Amalfiküste findet man sie auf jeder Speisekarte und wer hier zu Besuch ist, sollte sie unbedingt probieren!

Auch Torten, Kuchen und Kleingebäck sind an der Amalfiküste sehr beliebt und in der Bäckerei kauft man gern einmal ein Stück Kuchen oder mit *crema pasticceria* (Vanillecreme) gefülltes Gebäck für zu Hause oder als Mitbringsel für Freunde. Törtchen und Kekse isst man vor allem nach der Siesta gerne, um Energie für den restlichen Tag zu tanken. Als Basis dienen oft Frisch-

käse, Schokolade, Nüsse oder Früchte. Teilweise verwendet man hierfür auch selbst gemachtes Trockenobst wie Rosinen und Backpflaumen oder kandierte Zitrusschalen. Für besondere Anlässe kauft man bisweilen auch eine ganze Torte. Die Italiener lieben es zu feiern, und einige Desserts werden traditionell an Feiertagen wie Ostern, Weihnachten oder Heiligenfesten serviert. Zu Mariä Himmelfahrt (*Ferragosto*) am 15. August gibt es z. B. in Kampanien oft *melanzane al cioccolato* (Auberginen mit Schokolade). Hierzu werden in Scheiben geschnittene Auberginen mit geschmolzener Schokolade in eine Auflaufform geschichtet und wie eine *parmigiana* (Auberginenauflauf) gebacken.

Bekannt ist Italien für seine *gelati* (Eiscremes), die ursprünglich aus Sizilien stammen. Die ersten Eisrezepte wurden im 17. Jahrhundert veröffentlicht. Gleichzeitig verbreiteten sich weltweit die ersten Eisdielen. Ihre Blütezeit begann Anfang des 20. Jahrhunderts, als über 5 Millionen Italiener die damals von Armut gebeutelten süditalienischen Regionen Kampanien, Kalabrien, Apulien und Sizilien verließen, um nach Amerika auszuwandern. Einige dieser Auswanderer eröffneten in der Neuen Welt Eiscafés, die das italienische Eis weltweit berühmt machten.

Die meisten *gelati* basieren auf Zuckersirup, der aus Fruchtsaft oder anderen Aromagebern hergestellt wird. Die Sirupe werden tiefgekühlt, wobei sich Eiskristalle bilden. Um ein schmackhaftes Eis zu erhalten, werden die Kristalle durch Rühren zerkleinert. Sorbets und Granitas haben eine eher körnige Konsistenz, da sie kein Fett enthalten. Gibt man hingegen fetthaltige Lebensmittel wie Milch, Sahne oder Eigelb hinzu, wird der Kristallisationsprozess verlangsamt und gehemmt, wodurch das Eis weicher und geschmeidiger wird. Das italienische *gelato* wird mit Sahne und/oder Eigelb hergestellt und ist weniger fluffig als herkömmliche Eiscremes, da es langsamer gerührt wird. Allerdings enthält es auch weniger Zucker, nur halb so viel Fett und wird bei wärmeren Temperaturen gelagert und verzehrt, weshalb es etwas cremiger ist.

Eines der vorgestellten Rezepte basiert auf Limoncello, einer aus Zitronen hergestellten Likörspezialität der Amalfiküste. Amalfi-Zitronen entstanden vor Jahrhunderten aus einer Kreuzung kleiner heimischer Zitronen mit Bitterorangen und verdanken ihr einzigartiges Aroma dem Mikroklima an der Küste mit salzhaltiger Luft, viel Sonne und gelegentlichen Niederschlägen. Die in Italien als *sfusato amalfitano* bekannten Zitronen sind als geografische Herkunftsbezeichnung EU-weit geschützt. An der Amalfiküste werden sie auf Terrassen angebaut und, um Bodenkontakt zu vermeiden, von Gerüsten aus Kastanienpfählen gestützt. Aufgrund der beengten Anbauflächen werden die Zitronen von Hand gepflückt – eine mühsame Arbeit, bei der die Bauern Hunderte von Stufen hinauf- und hinabsteigen und schwere Säcke mit Zitronen tragen müssen.

Doch die mühevolle Ernte lohnt sich: Wer einmal den Saft oder die Schale einer Amalfi-Zitrone probiert hat, ist garantiert vom frischen, aromatischen Geschmack begeistert!

SCHOKOLADENKUCHEN NACH CAPRI-ART

TORTA CAPRESE

Von der schönen Insel Capri stammt dieses bekannte Rezept. Man vermutet, dass es auf das Missgeschick eines Kochs zurückzuführen ist, der bei der Zubereitung das Mehl vergaß. Einer anderen Legende nach entstand der Kuchen, als die österreichische Gemahlin des Königs von Neapel nach einer Sachertorte verlangte. Die neapolitanischen Bäcker improvisierten, und heraus kam dieser Kuchen. In meinen Kochkursen kommt er immer gut an und ich hoffe, dass auch Sie ihn genießen werden.

200 g weiche Butter und etwas Fett für die Form
250 g brauner Zucker
5 große Eier, getrennt
250 g dunkle Schokolade (70 % Kakaoanteil), geschmolzen
250 g Mandeln, goldbraun geröstet und fein gemahlen
abgeriebene Schale von 1 großen unbehandelten Zitrone
etwas Puderzucker zum Bestäuben

Für 8 Personen

Backofen auf 200 °C (Umluft: 180 °C) vorheizen. Backform (23 cm Durchmesser) am Rand einfetten und Boden mit Backpapier belegen.

Butter und Zucker cremig rühren. Eigelbe unterrühren, geschmolzene Schokolade und Mandeln zugeben und ebenfalls unterrühren.

Eiweiße in einer weiteren Schüssel steif schlagen. Zitronenabrieb und Eischnee zur Schokoladenmischung geben und vorsichtig, aber gründlich unterheben.

Teig in die vorbereitete Backform geben und etwa 30 Minuten im vorgeheizten Backofen backen. (Der Kuchen sollte beim Herausnehmen am Rand fest sein, in der Mitte jedoch noch etwas wackeln.)

Auf einem Kuchengitter abkühlen lassen und mit gesiebtem Puderzucker bestäubt servieren.

ANMERKUNG: *Ich reiche dazu gern einige Kugeln Zitronen- oder Mandeleis oder mit Vanille und Zitronensaft verrührten Mascarpone.*

AMALFI-ZITRONENKUCHEN

TORTA DI LIMONE DI AMALFI

Der hervorragende Zitronenkuchen hat eine wunderbare Kruste und Textur, sodass Sie ihn bestimmt immer wieder backen möchten. Ich kann meinem Großvater nicht genug für das Rezept danken. Wenn Sie den Kuchen auch noch mit etwas Rum tränken und ihn mit Obst und Schlagsahne servieren, eignet er sich perfekt für feierliche Anlässe.

100 g zerlassene Butter und etwas Fett für die Form
abgeriebene Schale und Saft von 3 unbehandelten Zitronen
5 große Eier
350 g Zucker
1 Prise Salz
540 g Crème double
275 g italienisches Mehl (Type 00) oder Mehl (Type 405/550)
1 EL Backpulver
3 TL Vanilleextrakt
1 EL Aprikosenmarmelade
200 g Puderzucker

Für 6-8 Personen

Backofen auf 180 °C (Umluft: 160 °C) vorheizen. Backform (26 cm Durchmesser) am Rand einfetten und Boden mit Backpapier belegen.

Zitronenabrieb, Eier, Zucker und Salz in einer Küchenmaschine oder mithilfe eines Handrührgeräts auf hoher Stufe in mindestens 10 Minuten zu einer hellen, mousseartigen Creme verrühren. Crème double zugeben und unterheben.

Gesiebtes Mehl und Backpulver unterheben und abgekühlte zerlassene Butter sowie Vanilleextrakt untermischen. Teig in die vorbereitete Backform geben und im vorgeheizten Backofen etwa 55 Minuten backen.

Kuchen herausnehmen, auf einem Kuchengitter abkühlen lassen (Ofen nicht ausschalten) und rundum mit Aprikosenmarmelade bestreichen.

Für die Glasur Puderzucker und Saft von 2 Zitronen (restlichen Zitronensaft anderweitig verwenden) in einem Topf bei mittlerer Hitze unter Rühren erwärmen, bis sich der Zucker aufgelöst hat und ein dickflüssiger Sirup entstanden ist. Kuchen rundum mit Sirup bestreichen, Glasur etwa 1 Minute im heißen Ofen fest werden lassen und Kuchen servieren.

RICOTTATORTE MIT BIRNEN UND HASELNÜSSEN

TORTA DI RICOTTA E PERE

Diese Torte wurde durch die Pasticceria Sal De Riso in Minori berühmt, in deren Originalrezept die Birnen für die Füllung in Rum statt in Vanillesirup gekocht werden. Sie macht einiges her und ich serviere sie häufig auf Dinnerpartys. Der Tortenboden muss ziemlich dünn sein, also keine Angst, wenn er nicht sehr aufgeht.

TEIG

75 g Butter, gewürfelt, und etwas Fett für die Form
100 g Haselnüsse
50 g italienisches Mehl (Type 00) oder Mehl (Type 405/550)
100 g Zucker
4 große Eiweiße
etwas Puderzucker zum Bestäuben

FÜLLUNG

75 ml Wasser
125 g brauner Zucker
Mark von 1 Vanilleschote oder 1 TL Vanilleextrakt
2–3 Birnen, geschält und in mundgerechte Stücke geschnitten
250 g Ricotta, abgetropft
100 g Crème double

Für 6–8 Personen

Backofen auf 180 °C (Umluft: 160 °C) vorheizen. Zwei Backformen (20 cm Durchmesser) am Rand einfetten und Böden mit Backpapier belegen.

Nüsse auf einem Backblech verteilen und etwa 10 Minuten im vorgeheizten Backofen rösten. Herausnehmen und abkühlen lassen (Ofen nicht ausschalten).

Nüsse in einer Küchenmaschine oder einem Standmixer zerkleinern und mit Mehl, Zucker und Butter verrühren.

Eiweiße in einer großen Schüssel steif schlagen und Eischnee unter die Nussmischung heben. Teig gleichmäßig auf die Backformen verteilen und im heißen Backofen etwa 20 Minuten backen. Herausnehmen, etwa 5 Minuten in den Formen abkühlen lassen, auf Kuchengitter stürzen und Backpapier entfernen.

Für die Füllung Wasser und 75 Gramm Zucker in einem Topf erhitzen, bis sich der Zucker aufgelöst hat. Vanille und Birnen zugeben und Früchte je nach Reifegrad zugedeckt unter gelegentlichem Rühren in 15 bis 20 Minuten weich kochen. In ein Sieb abgießen und abtropfen lassen, dabei Birnensirup in einer Schüssel auffangen.

Restlichen Zucker mit Ricotta und Crème double in einer Schüssel zu einer glatten, dickflüssigen Creme verrühren und abgekühlte Birnen unterheben. Füllung gleichmäßig auf einem Tortenboden verteilen, anderen Tortenboden darauflegen und etwas festdrücken. Füllung am Tortenrand glatt streichen. Torte auf eine Servierplatte setzen, mit gesiebtem Puderzucker bestäuben und in Stücke geschnitten servieren. Birnensirup zum Beträufeln dazu reichen.

TIPP: *Für einen modernen Look verziere ich die Torte gern mit geschmolzener Schokolade und grob gehackten Haselnüssen.*

GROSSMUTTERS HAUSGEMACHTE TORTE

TORTA DELLA MIA NONNA

Zwar habe ich dieses Rezept schon einmal veröffentlicht, da es mir jedoch sehr am Herzen liegt, musste ich es auch in dieses Buch aufnehmen. Für mich sind damit liebgewonnene Erinnerungen an Geburtstage, Familienfeste und Feiertage verbunden. Zu Hochzeiten werden derartige Torten in kleinen Trattorien gern unter dem Namen *torta della casa* serviert und auch bei Ihrer nächsten Familienfeier kommt das Rezept sicher gut an.

TEIG
etwas Fett für die Form
6 große Eier
175 g Zucker
175 g italienisches Mehl (Type 00) oder Mehl (Type 405/550)

VANILLECREME
2 EL Mehl
2 EL Zucker
1 großes Ei
abgeriebene Schale von 1 unbehandelten Zitrone nach Belieben
½ TL Vanilleextrakt
300 ml Milch

BUTTERCREME
175 g Butter
185 g Puderzucker
1 großes Ei
100 ml kalter starker Kaffee

ZUM GARNIEREN
3 EL dunkler Rum
300 g Sahne
einige Tropfen Vanilleextrakt
5 EL gehobelte Mandeln oder Haselnüsse, geröstet
einige frische Beeren nach Belieben

Für 10–12 Personen

Backofen auf 180 °C (Umluft: 160 °C) vorheizen. Eine tiefe Backform (23 oder 30 cm Durchmesser) am Rand einfetten und Boden mit Backpapier belegen.

Für den Teig Eier und Zucker in eine hitzebeständigen Schüssel geben und über einem sanft köchelnden Wasserbad mithilfe eines Handrührgeräts zu einer dickflüssigen Creme verrühren. Gesiebtes Mehl nach und nach zugeben und unterheben. Teig in die vorbereitete Form geben und 18 bis 20 Minuten (größere Form) bzw. 35 bis 40 Minuten (kleinere Form) backen, bis er aufgegangen und goldbraun ist. Herausnehmen, aus der Form stürzen und auf einem Kuchengitter abkühlen lassen.

Für die Vanillecreme Mehl, Zucker, Ei, nach Belieben Zitronenabrieb und Vanilleextrakt in einer Schüssel verrühren. Milch vorsichtig in einem Topf erhitzen (nicht kochen lassen!). Heiße Milch nach und nach unter die Eimischung rühren, Mischung in den Topf geben und vorsichtig unter stetigem Rühren erwärmen, bis sie andickt. Vom Herd nehmen, mit einem Stück Backpapier bedecken, damit sich keine Haut bildet, und abkühlen lassen.

Für die Buttercreme Butter mit 175 Gramm Puderzucker in einer Schüssel schaumig schlagen. In einer weiteren Schüssel Ei mit restlichem Puderzucker verquirlen. Ei-Zucker-Mischung zur Buttermasse geben und Kaffee nach und nach mithilfe eines Handrührgeräts unterrühren, bis die Mischung dickflüssig und cremig ist (dabei darauf achten, dass die Creme nicht ausflockt).

Kuchen waagerecht in drei gleich große Teigböden schneiden. Ersten Boden mit Vanillecreme bestreichen, zweiten Boden darauflegen und mit Buttercreme bestreichen. Letzten Boden daraufsetzen und gleichmäßig mit Rum beträufeln.

Sahne und Vanilleextrakt in einer großen Schüssel steif schlagen und Torte rundum damit bestreichen. Gehobelte Mandeln oder Nüsse vorsichtig am Rand andrücken und Torte nach Belieben mit gewaschenen, trocken getupften Beeren garnieren. Bis zum Servieren kühl stellen.

GEFÜLLTE FEIGEN

FICHI FARCITI

Feigen sind etwas Wunderbares, da sie mich stets daran erinnern, wie ich sie als Kind vom Baum gepflückt habe. Mit Armen voller Feigen lief ich nach Hause, vorbei an Hunderten weiteren Früchten, die zerdrückt auf der Straße lagen. Feigen lassen sich auf viele köstliche Arten zubereiten, doch dies ist mein Lieblingsrezept.

12 reife, frische Feigen
55 g Walnusshälften, möglichst frisch geknackt und grob gehackt
3 EL Honig
3 EL Wermut
115 g Mascarpone
115 g dunkle Schokolade (75 % Kakaoanteil), in Stücke gebrochen

Für 6 Personen

Backofen auf 200 °C (Umluft: 180 °C) vorheizen. Von den Feigen jeweils an der Unterseite eine kleine Scheibe abschneiden, damit sie aufrecht stehen.

Früchte an der Oberseite etwa 2,5 Zentimeter tief über Kreuz einschneiden und in der Mitte auseinanderdrücken.

Walnüsse, Honig, Wermut und Mascarpone in einer Schüssel verrühren und Feigen mit der Mischung füllen. Im vorgeheizten Backofen 10 bis 15 Minuten backen, herausnehmen und auf ein Stück Backpapier setzen.

Schokolade über einem heißen Wasserbad schmelzen lassen und Feigen mit der geschmolzenen Schokolade beträufeln. Je 2 Feigen auf Tellern anrichten und servieren.

GEFÜLLTE APRIKOSEN

ALBICOCCHE RIPIENE

Vom Hotel Santa Caterina in Amalfi ist dieses Dessert inspiriert. Sein Obstgarten versorgt Küchenchef Eolo im Frühsommer mit frischen Aprikosen, die er mit Amaretti füllt und in Amarettolikör dünstet. Verwenden Sie hierfür am besten voll ausgereifte, aber noch feste Früchte. Die besten Amaretti sind »Amaretti di Saronno«, die in einer roten Schachtel angeboten werden.

10 große, feste Aprikosen (ca. 1,25 kg), gehäutet, halbiert und entkernt
25 g Butter
3 EL Zucker
165 ml Amaretto (italienischer Mandellikör)
12 Amaretti (italienische Mandelmakronen), grob zerbröselt
einige Pinienkerne zum Garnieren nach Belieben

Für 4 Personen

2 Aprikosenhälften in große Stücke schneiden und für die Füllung beiseitestellen. Kernmulden der restlichen Aprikosen mithilfe eines Kugelausstechers leicht vergrößern.

Butter in einer großen Pfanne zerlassen. Zucker zugeben und bei mittlerer Hitze unter stetigem Rühren erwärmen, bis der Zucker hellbraun karamellisiert ist. Amaretto vorsichtig zugießen und etwa 2 Minuten unter Rühren köcheln lassen (mit Topfhandschuhen, da es beim Kochen spritzt!).

Hälfte der Aprikosen zugeben und unter gelegentlichem Wenden 5 bis 10 Minuten im Amarettosirup dünsten, bis sie fast weich sind (für die Garprobe mit einem scharfen Messer einstechen). Mithilfe eines Schaumlöffels herausnehmen und mit der Schnittfläche nach unten auf einem Teller abtropfen lassen. Restliche Aprikosen ebenso vorbereiten.

Zerbröselte Amaretti zum Amarettosirup geben und bei geringer Hitze erwärmen, dabei Keksbrösel mithilfe eines Holzlöffels grob zerdrücken.

Mischung in eine Küchenmaschine oder einen Standmixer geben, beiseitegestellte Aprikosenstücke zugeben und alles glatt pürieren. Püree zurück in die Pfanne geben und auf dem Herd langsam köcheln lassen, bis es zu bräunen beginnt. Von Herd nehmen und in der Pfanne etwa 5 Minuten abkühlen lassen. Mischung gleichmäßig auf die Aprikosenhälften verteilen und gefüllte Aprikosen nach Belieben mit Pinienkernen garniert servieren.

SCHOKOLADEN-BISCOTTI MIT PISTAZIEN

BISCOTTI MORBIDI CON CIOCCOLATO

Hoch oben in den Bergen über der Amalfiküste gedeihen viele Sorten von Nüssen und Steinfrüchten, darunter auch Pistazien. Zusammen mit Schokolade vereint dieses Rezept zwei meiner absoluten Lieblingszutaten.

- **100 g weiche Butter und etwas Butter für das Blech**
- **250 g italienisches Mehl (Type 00) oder Mehl (Type 405/550) und etwas Mehl für das Blech**
- **65 g Kakaopulver**
- **1 TL Backpulver**
- **1 Prise Salz**
- **100 g Schokolade (70–75 % Kakaoanteil), grob gehackt**
- **150 g Pistazienkerne**
- **225 g Zucker**
- **2 große Eier**

Für 16 Stück

Backofen auf 200 °C (Umluft: 180 °C) vorheizen. Backblech einfetten und leicht mit Mehl bestäuben.

Mehl, Kakao- und Backpulver, Salz, Schokolade und Pistazien in einer Schüssel mischen.

Butter und Zucker in einer weiteren Schüssel schaumig schlagen. Eier gründlich unterrühren.

Mehlmischung untermengen, bis ein homogener, fester Teig entstanden ist. Teig auf das vorbereitete Backblech geben und zu einem 30 x 10 Zentimeter großen Rechteck verstreichen. Etwa 35 Minuten im vorgeheizten Backofen backen, herausnehmen und auf einem Kuchengitter auf Zimmertemperatur abkühlen lassen. In fingerdicke Kekse schneiden und servieren. Dazu passt eine Kugel Eis oder eine Tasse Kaffee.

BISCOTTI MIT FEIGEN, APRIKOSEN UND PISTAZIEN

BISCOTTI DI FICO, ALBICOCCA E PISTACCHIO

Biscotti werden in Cafés gerne zum Kaffee serviert. Dieses Rezept ist in meinem Familien- und Freundeskreis ein Dauerbrenner und es lohnt sich, mit verschiedenen Geschmackskombinationen zu experimentieren.

- **200 g italienisches Mehl (Type 00) oder Mehl (Type 405/550) und etwas Mehl für die Arbeitsfläche**
- **1 Prise Salz**
- **1½ TL Backpulver**
- **100 g Zucker**
- **abgeriebene Schale von 1 unbehandelten Orange**
- **60 g Pistazienkerne**
- **30 g Rosinen**
- **40 g getrocknete Aprikosen**
- **40 g getrocknete Feigen**
- **1 TL Vanilleextrakt**
- **2 große Eier**

Für 18 Stück

Backofen auf 170 °C (Umluft: 150 °C) vorheizen. Zwei Backbleche mit Backpapier belegen. Mehl, Salz und Backpulver in einer großen Schüssel mischen. Zucker, Orangenabrieb, Pistazien, Trockenfrüchte und Vanilleextrakt untermischen.

Eier verquirlen, zu den trockenen Zutaten geben und untermischen, bis sich der Teig zu einer homogenen, glatten Kugel formen lässt.

Teig auf einer bemehlten Arbeitsfläche zu einer dicken Rolle formen, etwas flach drücken (ca. 8 cm breit) und auf ein Backblech legen. Etwa 30 Minuten im vorgeheizten Backofen backen, herausnehmen und abkühlen lassen.

Gebäck in etwa 5 Millimeter dicke Scheiben schneiden und auf die Backbleche verteilen. Jeweils in 8 bis 10 Minuten knusprig backen, dabei nach der Hälfte der Backzeit wenden. Biscotti herausnehmen, auf einem Kuchengitter abkühlen lassen und servieren. Dazu passt Eis oder Kaffee.

KLEINE MARMELADENHAPPEN

BOCCONOTTI

Ein typisches Gebäck der Amalfiküste, das es in Hunderten Versionen gibt. Diese hier – meine Lieblingsvariante – schmeckt besonders gut zu starkem Espresso.

1 großes Ei
1 EL Zucker
1 EL Mehl
100 g fettarme Sahne
abgeriebene Schale von ½ unbehandelten Zitrone
einige Tropfen Vanilleextrakt
2 EL Kirschmarmelade
1 Eigelb

MÜRBETEIG

250 g italienisches Mehl (Type 00) oder Mehl (Type 405/550) und etwas Mehl für die Arbeitsfläche
75 g Puderzucker und etwas Puderzucker zum Bestäuben
125 g Butter
1 großes Ei
1 Prise Salz
einige Tropfen Vanilleextrakt
abgeriebene Schale von 1 unbehandelten Zitrone

Für 24 Stück

Für die Füllung Ei und Zucker in einer hitzebeständigen Schüssel hellcremig rühren. Gesiebtes Mehl zugeben und Mischung glatt rühren. Sahne und Zitronenabrieb in einem Topf fast zum Kochen bringen und unter stetigem Rühren zur Eiermischung gießen. Alles in den Topf geben und bei geringer Hitze unter Rühren eindicken lassen. Vom Herd nehmen und Vanilleextrakt unterrühren. Oberfläche der Vanillecreme mit einem Stück zugeschnittenem Backpapier bedecken und vollständig abkühlen lassen. Backofen auf 220 °C (Umluft: 200 °C) vorheizen.

Teigzutaten in einer Küchenmaschine oder mithilfe eines Handrührgeräts verrühren, bis ein homogener, leicht feuchter Teig entstanden ist. In Backpapier wickeln und mindestens 30 Minuten kühl stellen.

Teig auf einer bemehlten Arbeitsfläche ausrollen und Kreise mit 7 Zentimeter Durchmesser ausstechen. In die Mitte der Kreise jeweils einen kleinen Klecks Marmelade und Vanillecreme setzen. Teigkreise mittig einschlagen, Ränder gut andrücken, Teigtaschen auf ein mit Backpapier belegtes Backblech legen und mit verquirltem Eigelb bestreichen.

Im vorgeheizten Backofen in etwa 15 Minuten goldbraun backen. Herausnehmen, abkühlen lassen und mit Puderzucker bestäubt servieren.

»BRÜSTE DER HEILIGEN AGATHA«

MINNE DI SANT'AGATA

Dieses kuppelförmige Gebäck aus einem süßen Nudelteig verdankt Form und Namen der Heiligen Agatha – einer sizilianischen Märtyrerin des 3. Jahrhunderts, deren Brüste abgeschnitten wurden, weil sie sich weigerte, den römischen Statthalter von Catania zu heiraten. Nicht unbedingt eine appetitliche Vorstellung! Auf jeden Fall schmeckt das Rezept trotzdem einfach göttlich!

TEIG

225 g italienisches Mehl (Type 00) oder Mehl (Type 405/550) und etwas Mehl für die Arbeitsfläche
65 g Zucker
100 g Butter, gewürfelt, und etwas Fett das Blech
1 großes Ei
1 EL abgeriebene Schale von 1 unbehandelten Zitrone
1 Prise Salz
etwas Puderzucker und Kakaopulver zum Bestäuben

FÜLLUNG

225 g Ricotta
55 g Zucker
1½ TL Vanilleextrakt
1 großes Eigelb
1 EL Orangeat oder Orangeat-Zitronat-Mischung, fein gehackt
1 EL Haselnüsse, geröstet und fein gehackt
25 g Schokolade (50 % Kakaoanteil), grob geraspelt

Für ca. 12 Stück

Für den Teig Mehl und Zucker in eine Küchenmaschine oder Rührschüssel geben und Butter nach und nach auf höchster Stufe unterrühren. Ei, Zitronenabrieb und Salz unterrühren. Teig auf ein Stück Backpapier stürzen, flach drücken und abgedeckt etwa 30 Minuten kühl stellen. Herausnehmen und ruhen lassen, bis der Teig zimmerwarm ist.

Für die Füllung Ricotta durch ein Sieb in eine Schüssel passieren. Zucker, Vanilleextrakt, Eigelb, Orangeat oder Orangeat-Zitronat-Mischung, Nüsse und Schokolade gründlich unterrühren. Backofen auf 180 °C (Umluft: 160 °C) vorheizen und Backblech einfetten.

Teig auf einer bemehlten Arbeitsfläche 5 Millimeter dick ausrollen (siehe Anmerkung) und ca. 24 Kreise mit 7 Zentimeter Durchmesser ausstechen. Auf die Hälfte der Teigkreise je 2 Teelöffel Füllung setzen, jeweils mit einem weiteren Teigkreis bedecken und Ränder rundum gut andrücken.

Gefüllte Teigkreise auf das vorbereitete Backblech setzen und Oberseite mithilfe einer Gabel einstechen. Im vorgeheizten Backofen in etwa 20 Minuten goldbraun backen. Herausnehmen, abkühlen lassen und mit Puderzucker und Kakao bestäubt servieren.

ANMERKUNG: *Für das Ausrollen des Teigs ist etwas Geschick erforderlich. Leichter geht es, wenn Sie ihn zwischen zwei Stücken Frischhaltefolie ausrollen.*

HEFEKÜCHLEIN MIT RUMSIRUP

BABA NAPOLETANO

Das folgende Rezept widme ich meinem Großvater und meinem Vater, die beide große Fans dieses Gebäcks waren. Die Hefeküchlein, die in zahlreichen Varianten zubereitet werden, sind in der Gegend von Neapel eine regionale Spezialität. Dort gibt es sie zwar fertig zu kaufen (auch in Gläsern), aber frisch gemacht schmecken sie am besten. Wenn Sie keine Babà-Formen haben, können Sie stattdessen auch Muffinförmchen verwenden. Achten Sie dann jedoch darauf, dass sich die Backzeit verkürzt. Zum Servieren können Sie das Gebäck auch mit etwas Aprikosenmarmelade bestreichen.

TEIG

50–70 g Butter und etwas Fett für die Schüssel und die Förmchen
225 g Mehl (Type 550) und etwas Mehl zum Arbeiten
3½ EL Milch
25 g frische Hefe oder 14 g Trockenhefe
2 große Eigelb und 1 Ei
3½ EL Zucker
1 TL Vanilleextrakt
abgeriebene Schale von 1 unbehandelten Zitrone
50 g Rosinen

RUMSIRUP

125 g Zucker
2 Zitronenscheiben
1 Orangenscheibe
1 Stange Zimt
3½ EL dunkler Rum

Für 8–10 Stück

8 bis 10 Baba-Förmchen (6 cm hoch, Durchmesser unten 4 cm, Durchmesser oben 5 cm) einfetten und mit Mehl bestäuben. Milch und Butter vorsichtig unter Rühren erhitzen, bis die Butter zerlassen ist. Vom Herd nehmen und auf Handwärme abkühlen lassen. Hefe mit der Milchmischung schaumig rühren.

Eigelbe und Zucker in einer großen Schüssel dickcremig rühren. Ei, Vanilleextrakt, Zitronenabrieb, Rosinen, Mehl und Hefemischung zugeben. Alles gut verrühren, bis ein homogener Teig entstanden ist. In eine gefettete Schüssel geben und mit einem feuchten, sauberen Küchentuch bedecken. An einem warmen Ort etwa 2 Stunden gehen lassen, bis der Teig sein Volumen verdoppelt hat. Backofen auf 180 °C (Umluft: 160 °C) vorheizen.

Teig auf eine leicht bemehlte Arbeitsfläche geben und glatt kneten. Je eine Teigkugel (70 g) in die vorbereiteten Förmchen geben und erneut gehen lassen, bis sich eine Kuppel gebildet hat.

Im vorgeheizten Backofen etwa 25 Minuten backen, herausnehmen und etwa 15 Minuten in den Förmchen abkühlen lassen.

Zutaten für den Rumsirup in einem Topf bei mittlerer Hitze etwa 7 Minuten unter Rühren erwärmen. Hefeküchlein aus den Förmchen lösen und mit Rumsirup servieren.

NEKTARINEN-MANDEL-TARTE

TORTA DI NETTARINE E MANDORLE

Eine himmlische Geschmackskombination! Variieren Sie das Rezept nach Belieben mit anderen Früchten der Saison wie z. B. Feigen, Himbeeren oder Pflaumen. Als Basis dient ein Boden aus Mürbeteig *(pasta frolla)*, der nach einem gelingsicheren Rezept meiner Mutter hergestellt wird.

MÜRBETEIG

250 g italienisches Mehl (Type 00) oder Mehl (Type 405/550) und etwas Mehl für die Arbeitsfläche
75 g Puderzucker
125 g Butter und etwas Fett für die Form
1 großes Ei
1 Prise Salz
einige Tropfen Vanilleextrakt
abgeriebene Schale von 1 unbehandelten Zitrone

BELAG

150 g weiche Butter
150 g Zucker
3 große Eier
75 g gemahlene Mandeln und 2 EL gehobelte Mandeln
abgeriebene Schale von 1 unbehandelten Zitrone
75 g italienisches Mehl (Type 00) oder Mehl (Type 405/550)
¼ TL Backpulver
1 TL Vanilleextrakt
400 g reife Nektarinen, in dünne Spalten geschnitten
2 EL Aprikosenkonfitüre

Für 6-8 Personen

Teigzutaten mithilfe einer Küchenmaschine oder eines Handrührgeräts zu einem homogenen, leicht feuchten Teig verkneten. In Backpapier gewickelt mindestens 30 Minuten kühl stellen.

Für den Belag Butter, Zucker, Eier, gemahlene Mandeln, Zitronenabrieb, Mehl, Backpulver und Vanilleextrakt gründlich verrühren. Backofen auf 200 °C (Umluft: 180 °C) vorheizen.

250 Gramm Teig auf einer bemehlten Arbeitsfläche kreisrund ausrollen, eine gefettete hohe Tarteform mit (23 cm Durchmesser) damit auslegen und Rand andrücken. (Der restliche Teig lässt sich in einem gefriergeeigneten Gefäß bis zu 1 Monat einfrieren oder in Frischhaltefolie gewickelt ca. 10 Tage im Kühlschrank aufbewahren.) Teig in der Form etwa 10 Minuten kühl stellen.

Herausnehmen, Belagmischung gleichmäßig auf dem Teig verteilen und mit Nektarinenspalten und gehobelten Mandeln belegen. 40 bis 45 Minuten im vorgeheizten Backofen backen, bis der Teig aufgegangen und goldbraun ist. Herausnehmen und auf ein Kuchengitter setzen.

Aprikosenkonfitüre und 1 Esslöffel Wasser in einem kleinen Topf unter Rühren erwärmen und Tarte damit glasieren. Abkühlen lassen und in Stücke geschnitten servieren.

NEAPOLITANISCHE RICOTTATARTE

PASTIERA NAPOLETANA

Der Belag für diesen Kuchen wird traditionell mit gekochtem Weizen hergestellt. Es gibt jedoch zahlreiche Varianten dieses sättigenden Klassikers. Da ich auch ein süßes Pastagericht mit aufnehmen wollte, habe ich mich für diese Variante mit Vermicelli entschieden. Am besten schmeckt die Tarte einen Tag nach der Zubereitung.

TEIG

250 g italienisches Mehl (Type 00) oder Mehl (Type 405/550) und etwas Mehl für die Arbeitsfläche
75 g Puderzucker und etwas Puderzucker zum Bestäuben
125 g kalte Butter, gewürfelt, und etwas Fett für die Form
1 großes Ei

BELAG

450 g Ricotta
115 g Zucker
1 TL Zimtpulver
abgeriebene Schale und Saft von 1 unbehandelten Zitrone
4 EL Orangenblütenwasser
115 g Orangeat oder Orangeat-Zitronat-Mischung
1 großes Ei, getrennt
550 ml Milch
175 g Vermicelli (italienische Fadennudeln)
1 große Prise Salz

Für 10 Personen

Für den Teig Mehl und Puderzucker in eine Schüssel sieben und mit der Butter zu einer krümeligen Masse verkneten. In der Mitte eine Mulde formen, Ei hineingeben und Mehlmischung vom Rand nach und nach unterrühren, bis ein weicher, homogener Teig entstanden ist. In Backpapier wickeln und etwa 30 Minuten kühl stellen.

Für den Belag Ricotta, Zucker (bis auf 2 Esslöffel), Zimt, Hälfte des Zitronenabriebs, Zitronensaft, Orangenblütenwasser, Orangeat oder Orangeat-Zitronat-Mischung und Eigelb in einer Schüssel verquirlen.

Milch in einem kleinen Topf zum Kochen bringen. Vermicelli, Salz, restlichen Zucker und übrigen Zitronenabrieb zugeben und alles sanft köcheln lassen, bis die Nudeln die Milch nahezu vollständig aufgesogen haben.

Noch warme Vermicelli zur Ricottamischung geben und vorsichtig unterheben. Eiweiß steif schlagen und ebenfalls unterheben. Backofen auf 190 °C (Umluft: 170 °C) vorheizen.

Zwei Drittel des Teigs auf einer leicht bemehlten Arbeitsfläche kreisrund ausrollen, eine gefettete, flache Tarteform (28 cm Durchmesser) damit auslegen und Rand andrücken.

Belag darauf verstreichen. Restlichen Teig ausrollen, in 5 Millimeter breite Streifen schneiden und Tarte gitterförmig damit belegen.

Im vorgeheizten Backofen in 40 bis 50 Minuten goldbraun backen. Mit Puderzucker bestäuben und warm oder kalt servieren.

MANDELKUCHEN MIT BESCHWIPSTEN ERDBEEREN

TORTA CON UBRIACA DE FRAGOLE

Paestum im Osten der Amalfiküste ist berühmt für seine griechischen Tempel, Büffelmozzarella und hervorragende Erdbeeren. Von dort stammt auch dieses leckere Rezept, das bei Gästen immer gut ankommt. Dazu passt Sahne oder Vanillesauce.

500 g Erdbeeren, halbiert
2 EL Erdbeerlikör oder Grand Marnier
200 g Butter und etwas Fett für die Form
6 große Eigelb und 1 Eigelb zum Bestreichen
1 TL Vanilleextrakt
1 TL Mandelextrakt
50 g italienisches Mehl (Type 00) oder Mehl (Type 405/550)
1½ TL Backpulver
250 g (möglichst frisch) gemahlene Mandeln
200 g Zucker
abgeriebene Schale von 2 unbehandelten Zitronen

Für 8-10 Personen

Erdbeeren in eine Schüssel geben, mit Likör übergießen und mindestens 1 Stunde kühl stellen.

Backofen auf 200 °C (Umluft: 180 °C) vorheizen. Eine Tarteform (25 cm Durchmesser) am Boden mit Backpapier belegen und am Rand fetten.

Eigelbe sowie Vanille- und Mandelextrakt in einer kleinen Schüssel verrühren. Mehl, Backpulver, gemahlene Mandeln, Zucker und Zitronenabrieb in einer Küchenmaschine oder mithilfe eines Handrührgeräts verrühren. Eiermischung und Butter unterrühren, bis eine dickcremige Mischung entstanden ist (nicht zu lange rühren!).

Teig in die vorbereitete Form geben, glatt streichen und etwa 20 Minuten kühl stellen. Restliches Eigelb verquirlen, Tarte damit bestreichen und mithilfe einer Gabel mit einem Wellenmuster verzieren.

Im vorgeheizten Backofen etwa 12 Minuten backen, Ofentemperatur auf 180 °C (Umluft: 160 °C) reduzieren und in weiteren 20 bis 30 Minuten goldbraun backen. Herausnehmen, etwa 15 Minuten in der Form abkühlen lassen, aus der Form lösen, vollständig auf einem Kuchengitter auskühlen lassen und mit den beschwipsten Erdbeeren servieren.

EISDESSERT MIT MANDELN UND AMARETTI

BISCUIT TORTONI

Diese Eiskreation soll auf den neapolitanischen Eiskonditor Alessandro Tortoni zurückgehen, der Ende des 18. Jahrhunderts Inhaber des Pariser Café Napolitaine war. Auch heute noch ist er in ganz Italien berühmt.

300 g Sahne
3½ EL Puderzucker
125 g Mandeln, fein gehackt und geröstet
30 ml dunkler Rum
225 g Amaretti (italienische Mandelmakronen)
10 Maraschinokirschen oder in Rum eingelegte Kirschen

Für 10 Personen

Muffinblech mit 10 Papierbackförmchen auslegen. Sahne und Puderzucker in einer großen Schüssel steif schlagen, Mandeln und Rum unterheben.

Amaretti in Viertel brechen und in die Förmchen geben. Mandelcreme gleichmäßig darüber verteilen und mit je 1 Kirsche toppen.

Im Gefrierfach in 1 bis 2 Stunden fest werden lassen und servieren. (Tiefgekühlt hält sich das Dessert bis zu 2 Wochen).

KAFFEE-EISCREME

SPUMONE AL CAFFE

Mit Sahne und frisch gemahlenem Kaffee wird diese neapolitanische Eisspezialität zubereitet. Am besten schmeckt sie mit qualitativ hochwertigem Kaffee (ich verwende gern frisch gemahlenen Kimbo-Kaffee). Zusammen mit etwas Zimt ergibt sich eine raffinierte Geschmackskombination, die auch Sie sicher begeistern wird.

4 große Eigelb
100 g Zucker
¾ TL Zimtpulver
3 EL grob gemahlener Kaffee
750 g Sahne

Für 6 Personen

Eigelbe, Zucker, Zimt und Kaffee in einer hitzebeständigen Schüssel gründlich verquirlen.

Mischung über einem köchelnden Wasserbad mithilfe eines Handrührgeräts verrühren, bis sich ihr Volumen verdoppelt hat. Schüssel vom Herd nehmen und weiterrühren, bis die Mischung abgekühlt ist. Sahne in einer weiteren Schüssel steif schlagen und unter die Kaffeemischung heben.

Kaffeecreme in eine Eismaschine füllen und nach Herstellerangaben zu Eiscreme verarbeiten.

Alternativ die Kaffeecreme in eine flache gefriergeeignete Form geben und etwa 1 Stunde ins Gefrierfach stellen, bis sie eine breiige Konsistenz angenommen hat. In eine gekühlte Schüssel geben und mithilfe eines Handrührgeräts glatt rühren. Wieder in die Form geben und Vorgang wiederholen. Zugedeckt im Gefrierfach fest werden lassen, herausnehmen und servieren.

MELONENSORBET

SORBETTO DI MELONE

Die benötigte Zuckermenge für dieses Rezept hängt von Ihrem persönlichen Geschmack und der Süße der Melonen ab. Während der drückend heißen italienischen Sommertage weckt das Sorbet schnell die Lebensgeister.

Fruchtfleisch von 2 reifen Cantaloupemelonen, in 2,5 cm große Stücke geschnitten
75–100 g Zucker (je nach Geschmack)

Für 6 Personen

Melonenfruchtfleisch in einer Küchenmaschine oder einem Standmixer glatt pürieren. Zucker nach und nach zugeben und untermixen.

Püree etwa 2 Stunden kühl stellen, in eine Eismaschine füllen und nach Herstellerangaben zu Sorbet verarbeiten. Alternativ in ein gefriergeeignetes Plastikgefäß geben und zugedeckt etwa 30 Minuten ins Gefrierfach stellen. Nach der Hälfte der Kühlzeit mit einer Gabel durchrühren, damit sich keine großen Eiskristalle bilden. Sorbet bis zum Servieren im Gefrierfach aufbewahren, in Schälchen portionieren und sofort servieren.

LIMONCELLO-EISCREME

GELATO AL LIMONCELLO

In ganz Italien erfreut sich diese trendige, verführerische Süßspeise großer Beliebtheit.

abgeriebene Schale und Saft von 3 unbehandelten Zitronen
200 g Puderzucker
450 g Sahne
3 EL eiskalter Limoncello (italienischer Zitronenlikör, siehe S. 189)

Für 4 Personen

Zitronenabrieb und -saft in eine große Schüssel geben, Puderzucker unterrühren und Mischung etwa 30 Minuten ruhen lassen.

Sahne und Limoncello in einer Schüssel steif schlagen und Zitronenmischung unterrühren. In eine Eismaschine füllen und nach Herstellerangaben zu Eiscreme verarbeiten. Alternativ in ein gefriergeeignetes Plastikgefäß geben und zugedeckt etwa 30 Minuten ins Gefrierfach stellen. Nach der Hälfte der Kühlzeit mit einer Gabel durchrühren, damit sich keine großen Eiskristalle bilden. Bis zum Servieren im Gefrierfach aufbewahren.

GESCHICHTETES EISDESSERT

CASSATA SEMIFREDDO

Mit diesem neapolitanischen *gelato* können Sie Ihre Gäste richtig beeindrucken. Vor allem aber schmeckt es einfach köstlich! Als Kind war ich stets verzückt angesichts der farbenfrohen Auswahl im Eiscafé und konnte mich nur schwer für die eine oder andere Sorte entscheiden. Heute bereite ich einfach dieses Dessert zu, das gleich drei Geschmacksrichtungen auf einmal bietet.

175 g brauner Zucker
2 große Eiweiß
600 g Sahne
Mark von 1 Vanilleschote
200 g sehr reife Erdbeeren
100 g sehr reife Himbeeren
1 EL Puderzucker
75 g dunkle Schokolade (75 % Kakaoanteil)

Für 8 Personen

Kastenform (11 x 22 cm, 900 g Fassungsvermögen) mit Frischhaltefolie auslegen. Zucker mit 4 Esslöffeln Wasser in einen Topf geben und unter Rühren sanft erhitzen, bis sich der Zucker vollständig aufgelöst hat. Temperatur erhöhen und Mischung etwa 2 Minuten kochen lassen, bis ein dickflüssiger Sirup entstanden ist.

Eiweiße in einer Schüssel steif schlagen. Sirup nach und nach zugeben und etwa 2 Minuten vorsichtig unterrühren, bis die Mischung kalt ist und eine mousseähnliche Konsistenz hat.

Sahne und Vanillemark in einer weiteren Schüssel cremig rühren. In drei Portionen unter den Eischnee heben. Vanillecreme in zwei größere Portionen und eine etwas kleinere Portion teilen und auf drei Schüsseln verteilen.

Gewaschene, trocken getupfte Beeren mit Puderzucker in einer Küchenmaschine oder einem Standmixer pürieren, durch ein Sieb passieren und unter die kleinere Cremeportion rühren. In die Kastenform füllen, glatt streichen, mit einem rechteckigen Stück Backpapier bedecken und etwa 30 Minuten ins Gefrierfach stellen.

Backpapier entfernen, eine Portion Vanillecreme auf die Beerenschicht geben und nochmals zugedeckt etwa 30 Minuten gefrieren lassen.

Schokolade über einem heißen Wasserbad schmelzen und abkühlen lassen. Unter die restliche Creme heben, in die Form geben, glatt streichen und abgedeckt mindestens 3 bis 4 Stunden ins Gefrierfach stellen. Eisdessert etwa 10 Minuten vor dem Servieren herausnehmen, auf einen großen Teller stürzen, etwas weicher werden lassen und in Scheiben geschnitten servieren.

ZITRONENLIKÖR

LIMONCELLO

Zitronenlikör wird in ganz Süditalien produziert. So etwa von der Familie Mansi, entfernte Verwandten meiner Großmutter, die Limoncello, aber auch Cicerenella, einen Likör auf Orangen-Anis-Basis, herstellen, auf den ich zufällig gestoßen bin. Hier verrate ich ein einfacheres, aber ganz hervorragendes Rezept. Greifen Sie hierfür unbedingt zu unbehandelten Zitronen, da für den Likör nur die Schale verwertet wird. In Italien verwenden wir zudem reinen Alkohol. Da dieser andernorts jedoch schwer zu bekommen ist, ist neutral schmeckender hochprozentiger Wodka eine gute Alternative. Der Likör eignet sich perfekt als süßer Digestif und in Italien gibt man ihn manchmal auch gern über Eiscreme.

6 unbehandelte Zitronen
750 ml reiner Alkohol oder Wodka
225 g Zucker
450 ml gefiltertes Wasser

Für 6 Personen

Zitronen in eine Schüssel mit kaltem Wasser geben und 1 Stunde einweichen lassen. Herausnehmen und mit Küchenpapier trocken tupfen.

Früchte schälen, dabei möglichst wenig von der weißen Haut entfernen. Zitronenschalen in ein sauberes Einmachglas geben, mit reinem Alkohol oder Wodka übergießen und Glas gut verschließen (geschälte Früchte anderweitig verwenden). An einem dunklen Ort etwa 20 Tage ziehen lassen.

Zucker und gefiltertes Wasser in einem Topf aufkochen und unter Rühren köcheln lassen, bis sich der Zucker aufgelöst hat. Vom Herd nehmen und zugedeckt abkühlen lassen.

Zuckersirup zur Zitronen-Alkohol-Mischung geben und unterrühren. Mischung durch ein Sieb in eine Schüssel abgießen, in sterilisierte Flaschen füllen und verschließen. An einem kühlen, dunklen Ort etwa 7 Tage ziehen lassen. Kalt servieren und geöffnete Flaschen im Kühlschrank aufbewahren.

APERITIF À LA FERRIGNO

FERRIGNO APERITIVO

Ein hervorragender Eisbrecher auf Partys ist dieser Cocktail, den mein Großvater auf sämtlichen Familienfesten kredenzte. Ich selbst habe ihn z. B. bei der Vorstellung meines letzten Buches serviert.

2 EL Limoncello (siehe oben)
etwas Prosecco zum Aufgießen
einige Eiswürfel
1 unbehandelte Zitronenscheibe
1 Stängel Minze

Ergibt 1 Portion

Limoncello in ein großes Weinglas gießen und mit Prosecco auffüllen. Eiswürfel und Zitronenscheibe hineingeben und sofort mit gewaschener, trocken geschüttelter Minze garniert servieren.

REGISTER

BILDNACHWEIS

1 Lonely Planet Images/Getty Images; 2-3 photovideostock/istock; 5 Elisabeth Pollaert Smith/Getty Images; 8 Westend61/Getty Images; 14 Universal Images Group/Getty Images; 18 links Westend61/Getty Images; 18 rechts Lonely Planet Images/Getty Images; 23 oben links ph Steve Painter/Ryland, Peters & Small; 23 oben Mitte Krzysztof Dydynski/Getty Images; 23 oben rechts Peter Cassidy/Ryland, Peters & Small; 23 unten Tibor Bognar/ Getty Images; 28 Debi Treloar/Ryland, Peters & Small; 30 Paul Harris/ Getty Images; 34 Federica Grassi/Getty Images; 37 links Maximilian Stock Ltd./Getty Images; 37 rechts Getty Images; 50 links Garry Hogg/Getty Images; 50 oben rechts Arghman/ istock; 50 Mitte rechts cokelatabrubi/Getty Images; 50 unten rechts RichardI'Anson/Getty Images; 52 Johner Images/ Getty Images; 54 Westend61/Getty Images; 63 links DEA/R. CARNOVALINI/ Getty Images; 63 rechts Zabudorio/istock; 70 links Francesco Ruggeri/Getty Images; 70 rechts Matthew Williams-Ellis/robertharding/Getty Images; 80 oben links Universal Images Group/Getty Images; 80 oben Mitte DEA/A. DAGLI ORTI/De Agostini/Getty Images; 80 oben rechts Ken Glaser/Getty Images; 80 Mitte rechts Pigi Cipelli\Archivio Pigi Cipelli\Mondadori Portfolio via Getty Images; 80 unten ollirg/istock; 84 stevegeer/ istock; 86 DEA/G. COZZI/DeAgostini/Getty Images; 89 Patricia Hamilton/Getty Images; 98 links Nicholas Pitt/Getty Images; 98 rechts Peter Cassidy/Ryland, Peters & Small; 102 Eye Ubiquitous/ UIG via Getty Images; 105 links John Dominis/Getty Images; 105 rechts Peter Cassidy/Ryland, Peters & Small; 106 links DeAgostini/ Getty Images; 106 rechts titoslack/istock; 107 oben links vuk8691/ istock; 107 Mitte links titoslack/istock; 107 rechts binabina/istock; 112 DEA/G. COZZI/DeAgostini/Getty Images; 114 Diana Mayfield/ Getty Images; 121 oben links DeAgostini/Getty Images; 121 oben Mitte Fototeca Gilardi/Getty Images; 121 oben rechts Phototribe/ Shutterstock; 121 Mitte rechts Yulia Grigoryeva/Shutterstock; 121 unten rechts © REDA &COsrl/Alamy Stock Photo; 121 unten links ph Steve Painter/Ryland, Peters & Small; 123 Luis Marden/ National Geographic/Getty Images; 126 Gary Colet Photography/ Getty Images; 139 JulianStarks/Getty Images; 143 Federico Scotto/ Getty Images; 150 links Ken Scicluna/Getty Images; 150 Mitte photooiasson/istock; 150 rechts AlessandroZocc/istock; 151 oben links DeAgostini/Getty Images; 151 unten links Schellhorn/ullstein bild via Getty Images; 151 rechts © Eric James/Alamy Stock Photo; 157 links Debi Treloar/Ryland, Peters & Small; 157 rechts Piero Damian/Getty Images; 160 Jeremy Woodhouse/Getty Images.

DANKSAGUNG

Mein Dank gilt dem gesamten Verlagsteam von Ryland Peters & Small, das, wie versprochen, mit seiner geballten Kompetenz hinter den Kulissen ein wunderschönes Buch erschaffen hat. *Mille grazie*.

Meine Recherchen haben es mir ermöglicht, ein wenig tiefer in die Archive und meine Familiengeschichte einzutauchen. Manchmal hat mich dies emotional sehr berührt, doch das Zusammentragen der Rezepte und die dabei wach gewordenen Erinnerungen haben mir auch viel Freude bereitet.

Ich bin vielen Menschen zu Dank verpflichtet: Julia Charles, der Redaktionsleiterin des Verlags, danke ich für die stetige Unterstützung, ihre gute Laune und ihren Elan. Auch bei meiner Lektorin Abi Waters möchte ich mich für ihr großes Engagement und ihr feines Gespür für kleine Ungenauigkeiten bedanken.

Sehr dankbar bin ich für die Zusammenarbeit mit Susan Fleming, die eine Vielzahl an großartigen Büchern herausgebracht hat. Mit ihr in Erinnerungen zu schwelgen, während sie mir feinfühlig und kenntnisreich Einzelheiten für die Infotexte entlockte, war für mich ein echtes Highlight.

Bei Nassima Rothacker bedanke ich mich für die atemberaubenden Fotos, die all meine Erwartungen übertroffen haben.

Ein großes Lob verdient auch Food-Stylistin Eleanor Mulligan, und Toni danke ich für das Design sowie die wunderbare Buchgestaltung.